"中国劳模"系列丛书

U0723617

中国劳模

万家灯火的守护者
贾廷波

向雨昕 ◎ 著

吉林出版集团股份有限公司
全国百佳图书出版单位

图书在版编目（ＣＩＰ）数据

万家灯火的守护者：贾廷波 / 向雨昕著. -- 长春：
吉林出版集团股份有限公司，2024.3
（"中国劳模"系列丛书 / 徐强主编）
ISBN 978-7-5731-4133-0

Ⅰ.①万… Ⅱ.①向… Ⅲ.①贾廷波 - 传记 Ⅳ.
①K826.16

中国国家版本馆CIP数据核字（2023）第159066号

WAN JIA DENGHUO DE SHOUHU ZHE：JIA TINGBO
万家灯火的守护者：贾廷波

出 版 人	于　强
主　　编	徐　强
著　　者	向雨昕
组稿统筹	东北师范大学文学院创意写作研究中心
责任编辑	王丽媛
装帧设计	刘美丽

出　　版	吉林出版集团股份有限公司
发　　行	吉林出版集团社科图书有限公司
地　　址	吉林省长春市南关区福祉大路5788号　邮编：130118
印　　刷	唐山富达印务有限公司
电　　话	0431-81629711（总编办）
抖 音 号	吉林出版集团社科图书有限公司　37009026326

开　　本	710 mm×1000 mm　1 / 16
印　　张	9
字　　数	95 千字
版　　次	2024 年 3 月第 1 版
印　　次	2024 年 3 月第 1 次印刷

书　　号	ISBN 978-7-5731-4133-0
定　　价	45.00 元

如有印装质量问题，请与市场营销中心联系调换。0431-81629729

序言

　　劳动创造财富，劳动创造幸福，劳动创造未来。习近平总书记在2020年全国劳动模范和先进工作者表彰大会上的讲话中指出："全社会要崇尚劳动、见贤思齐，加大对劳动模范和先进工作者的宣传力度，讲好劳模故事、讲好劳动故事、讲好工匠故事，弘扬劳动最光荣、劳动最崇高、劳动最伟大、劳动最美丽的社会风尚。"当今世界，综合国力的竞争归根到底是科技人才和高素质劳动者的竞争。改革开放以来，我们强大的工人队伍用辛勤的劳动和拼搏奉献的精神推动中国制造、中国智造、中国创造走向世界的前列，新时代的中国面貌日新月异。大力弘扬劳模精神、劳动精神、工匠精神，加强高素质技能人才队伍建设，打造一支宏大的知识型、技能型、创新型劳动者队伍，是伟大时代赋予我们的历史责任。

　　劳动模范是民族的精英、人民的楷模，是共和国的功臣。自改革开放以来，广大职工勇立改革潮头，独立自主，奋发图强，勇于创新，其中涌现出一批批全国劳模和大国工匠。他们参与建设了代表中国高度、中国速度、中国深度的一系列重大工程，提升了国家实力，打造了"中国名片"，树立了"中国品牌"，增添了"中国力量"，充分释放出工人阶级的创新活力，展示出大国工匠的强大创造力。他们以工人阶级的满腔热忱在各自平凡的工作岗位上取得了辉煌的成绩，书写了新时代的壮丽篇章。

爱岗敬业、争创一流、艰苦奋斗、勇于创新、淡泊名利、甘于奉献的劳模精神，崇尚劳动、热爱劳动、辛勤劳动、诚实劳动的劳动精神和执着专注、精益求精、一丝不苟、追求卓越的工匠精神，是广大劳动群众在社会生产实践中锤炼形成的弥足珍贵的精神财富，是工人阶级伟大品格的具体体现，是民族精神和时代精神的生动诠释。民族复兴需要劳动模范，祖国强盛需要大国工匠，中国制造、中国智造、中国创造更需要大国工匠的强有力支撑。劳模、工匠等的成长故事、先进事迹中承载的劳模精神、劳动精神和工匠精神，是激励全国各族人民团结奋斗、勇往直前的强大精神力量。

"中国劳模"系列丛书，采用图文结合的方式，讲述全国劳模、大国工匠和先进工作者们的成长经历及他们追梦、筑梦、圆梦的故事，用他们在平凡岗位上创造不平凡业绩的真实故事感染读者，推动形成劳动最光荣、劳动最崇高、劳动最伟大、劳动最美丽的社会风尚，引导广大技术工人和青少年形成劳动光荣、技能宝贵、创造伟大的观念。

"匠心筑梦，强国有我。"新时代是一个万象更新、生机勃勃的时代，也是一个继往开来、创新创业和建功立业的大时代。希望广大读者能以劳动模范为榜样，以大国工匠为楷模，立志技能报国、技术强国，踔厉奋发，勇毅前行，锤炼思想品格，汲取劳动智慧，勇于担当、勤于钻研、甘于奉献，为推进新型工业化和乡村振兴，为加快建设制造强国、质量强国、航天强国、交通强国、网络强国、数字中国、农业强国，全面建设社会主义现代化国家贡献青春力量。

中华全国总工会副主席（兼）

中国航天科技集团有限公司第一研究院

211厂14车间高凤林班组组长

2022年11月

传主简介

灯火点亮了城市的夜晚，照亮了夜归人回家的路。在这万家灯火的背后，藏着无数位电力工作者勤恳付出、日夜坚守的故事。奉献自我、尽职尽责的电力人——贾廷波，便是其中的一分子。

1973年出生于山东莒县的贾廷波，像多数心怀志向的少年一样，凭着一股闯劲儿，年少立志，将做好电力事业作为自己的人生追求。1997年7月毕业于山东电力高等专科学校的贾廷波，入职日照电业局（后更名为国网日照供电公司），从此开启了他崭新的电力生涯。进入工作岗位的贾廷波，不改求知初心，于2003年参加了成人高考，进入华北电力大学深造，实现了自我超越。

自参加工作起，贾廷波先后任职于检修、开关、继电保护等班组，精通各岗位专业理论知识及操作技艺，不仅在岗位中逐渐成长为行业翘楚，还将一身技艺倾囊相授，培养出一批技术骨干。入职二十五年来，贾廷波撰写了十余篇论文在国家级期刊发表，带领团队研究落地的科研技术也大获成功。2010年，以贾廷波名字命名的创新工作室成立，实现了创新创造从理论到成果的落地开花。此外，贾廷波还带领同事攻坚克难，主持完成的创新成果取得六十多项国家专利。凭借恪尽职守、事必躬亲的工作态度，贾廷波个人也获得了"全国劳动模范""全国电力行业技术能手""山东省劳动模范""山东省道德模范""山东省首席技师""齐鲁大工匠""齐鲁工匠"等荣誉。

每当太阳升起，就有平凡的人因为责任和热爱坚守在岗位上。像贾廷波一样的电力人，他们用实干诠释担当，用奉献点亮灯火，照亮整个时代。

目　录

第一章　前路漫漫，上下求索

追寻真理的路，道阻且长

他却始终如一，不遗余力

去发现，去探索

从少年懵懂，到有所作为

趁天未全黑，而探路前行

为自己点一盏心灯

将来路的坎坷一一照亮

纵是少时曾茫然若失

仍可做后起之秀，力挽狂澜

路漫漫其修远兮

吾将上下而求索

叛逆老大的觉醒

贾廷波，1973年出生于山东省日照市莒县招贤镇的一个普通的农民家庭。波，即水，水利万物而不争。也许正是应了这名字的渊源，"通达而广济天下，奉献而不图回报"，为国家电力事业奉献终生，成了贾廷波毕生的追求。贾廷波在时间的历练中秉持着坚忍守拙的信念，成长为一个包容谦虚、光明磊落的人。

1981年8月，八岁的贾廷波进入贾家岭小学读书。幼时的他有着独属于孩子的天性，他昂着装满奇思妙想的小脑袋，对眼前广阔的未知天地充满好奇，从书本里的大千世界到院子里的花鸟虫鱼，他都认真地进行探索和观察。他用自己的小手去感知外界信息，在前所未知的体验中不亦乐乎。凡是头一次见的稀奇东西，小廷波都会对其表现出极大的兴趣。贾廷波刨根问底的性子也在这一阶段初步显现，遇到难题，小廷波总要追问其始末和原理。

有一年恰逢丰收年，家人聚在一起吃饭，言来语去地说着当年的收成，小廷波虽然在闷声听着，可他的大眼睛却骨碌碌地转个不停，小耳朵都要竖起来了，留意着外头的动静，心也早已经飞走了。"是拖拉机！"一声惊呼把正在唠嗑的大人们吓了一跳，他们循着声音纷纷往外看，果然是拖拉机，轰隆隆的声响连续不断，像大地在低吟。而这个时候，小廷波早已经放下碗筷跑了出去。他看着面前这个一身是铁的大家伙，惊得说不出话来，这轮胎足足比他高出半个头呢！直到响声远去，留下一片呛鼻的黑烟，小廷波才挠着头回到房里，"拖拉机上有烟囱吗？它行驶的动力是什么呀？我们真的可以用它做农活儿吗？"大人们听着小廷波稚气十足却异常认真的发问，一时语塞，只得大眼瞪小眼，最后笑着说小廷波的连珠炮把他们都问糊涂了。

那时候，大家都知道镇子里有个叫贾廷波的"问题王"，好打听，好琢磨，每每瞧见个新鲜物件，小廷波就跟在大人身后刨根问底，待疑惑解开了，才心满意足地寻找下一个目标。在小廷波追求答案的时候，时间也在追赶他的步伐，一点一滴地往前走，一晃六年就过去了。

1987年，贾廷波进入莒县招贤镇中心初级中学沙沟校区读书，虽然年龄稍长了些，可他对生活的热情依然不减。少年时期的贾廷波，不但好奇心强，记忆力也是出奇的好，《水浒传》中一百单八将的名号，他能一个不落地背下来，全国各省的简称他也记得滚瓜烂熟，可他却没把这"功力"用在学习上。那时候的男孩子，心里都装着一个武侠梦，贾廷波亦然。他的书本上、课桌上都是他画的武侠人物，他们承载着他仗剑走天涯的梦想。可贾廷波和伙伴们并没有快意恩仇、劫富济贫

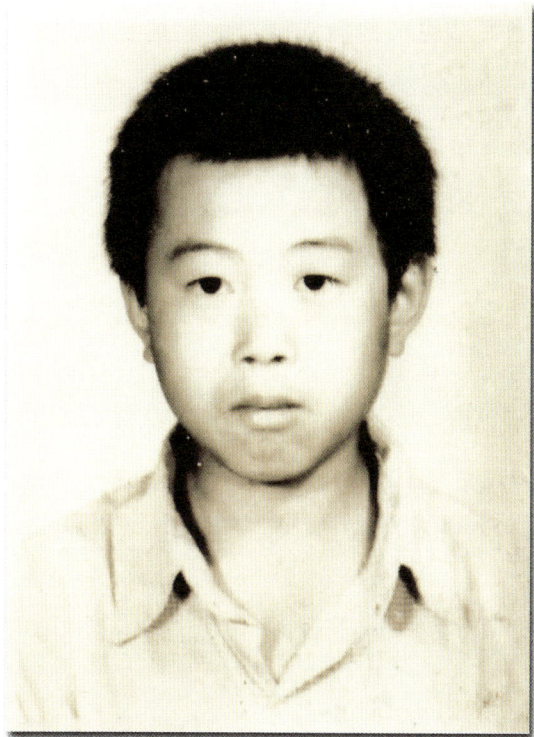

⊙ 贾廷波初中时的照片

的机会，一腔热血无处施展，最后大家一拍即合，成立了一个小团队，贾廷波被推举为团队的老大。虽说不是什么大门大派，但好歹也是有组织的集体了，作为老大的贾廷波决心要为团队"做出点儿贡献"。于是，河里的小鱼小虾被他逮了个精光，田里熟透的瓜也被他摘去解渴，爬树摘桃之类的更是家常便饭，为这些事，邻居们没少找上他家门来要说法。

学校里的贾廷波也不是老师口中的乖孩子，他的课桌上都是涂写的痕迹，满是褶皱的书本里也全是涂鸦，发下来的试卷到他的手里，不一会儿就变成纸飞机飞得不知所终了。有一次，老师一气之下把他的凳子和学习用品都搬到了教室外边。廷波却不以为意，竟煞有介事地在门外端正坐好，等候老师发落。父亲得知此事，没有对廷波发火，只是一个劲儿地摇头："廷波的学习啊，是没指望了。"父亲的头发有些凌乱，鬓角已经白了一片，胡子也许多天没有修剪，他说这话的时候，若有所思地看着天空，眼里的光一下子暗淡下去，让廷波心里很不是滋味。

后来，贾廷波的三哥考上了大学。那个年代，家里出个大学生可是天大的事，一时间，这消息传遍了十里八乡，左邻右舍都拥进门来道喜。有的来向贾廷波父母取经，讨要培养出这么优秀的儿子的法子；有的牵着自家孩子，聚在贾廷波三哥周围央求他讲些学习的秘诀……人多的时候，家门口被围得水泄不通。

贾廷波站在一群访客中间被挤来挤去，黑压压的身影裹挟着他，他也不由得歪着脑袋听着，你一言我一语都是变着花样说他三哥的好。他还不懂得大人之间的人情世故，也听不懂那些"社交语言"，只是呆呆地盯着父母，他们好像突然年轻了很多，平日里忙于劳作丢失的精气神，仿佛一下子都回来了。父亲一改往日严肃的态度，一边笑一边拍着三哥的肩膀，母亲的眼里也尽是欣慰和温柔。看见这些画面，廷波第一次尝到了羡慕甚至是嫉妒的滋味，他的心悄然被一股巨大的能量占据。

他也想争光，也想让父亲母亲为他自豪，而不是一味地被老师责骂，让父亲因为自己失望叹气。就这样，贾廷波在心里偷偷埋下了一颗进取的种子。他好像一下子成熟了，不再调皮捣蛋，而是认真规划起自己的未来。自此，那个调皮叛逆的"老大"真正收心了。

脚踏实地地迈进

流水不争先，争的是滔滔不绝。靠一时冲动的驱使走不了长远的路，只有经历了时间的打磨，才能得到真正的成长。

1989年9月，贾廷波升入初三，距离中考也只剩下最后一年。尽管学习态度上已经转变，但贾廷波发现由于之前贪玩欠下的账太多，自己相较于其他同学知识面太窄。在这样的情况下，他只有付出加倍的努力，才能赶上甚至超越别人。确定下这样的目标，贾廷波觉得生活突然有了方向。他每天不再无所事事，而是一心扑在学习上，斗志就像一团燃烧的火，为他提供源源不断的动力。

看着书本上自己曾经创作的连环画，贾廷波哭笑不得，他一点儿一点儿地把笔迹擦拭干净，把书页卷起来的角压平，像是在进行一场虔诚的仪式。深呼一口气，翻开一页的时候，贾廷波还是有点儿摸不着头脑，他看着面前密密麻麻的数字和公式，像极了古埃及神秘的运算符号，但他还是咬咬牙，拿起笔埋下头去钻研。他把自己觉得模棱两可的习题都进行了圈点勾画，再按照熟识程度重新排列，查缺补漏的过程虽然烦琐枯燥，但他也及时发现了自己的短板，在取长补短时，他不断突破自己，在屡屡碰壁中摸索出新的突破口。

校园里，总有这样一个身影，抱着一大摞书本，脚劲儿十足，步伐很快，像是在和时间赛跑，把路沿儿的落叶都带了起来。在那段补拙的日子里，贾廷波成了老师的小尾巴，他把不理解的知识点整理在一起，再向老师虚心求教，老师讲解时，他不但悉心聆听、认真记录，还会向老师发问，提出自己不同的见解，最后，便成了师生二人共同的讨论交流。老师曾开玩笑说，以后远远瞧见他就要绕道走，喝口水的时间都能抛出一连串的问题。

对于廷波上进的势头，父亲都看在眼里，他对几个孩子都严厉，夸奖的话也很少说，但他还是在夜里走到伏案学习的贾廷波身旁，拍拍他的头，给予他一个父亲的肯定和期望。

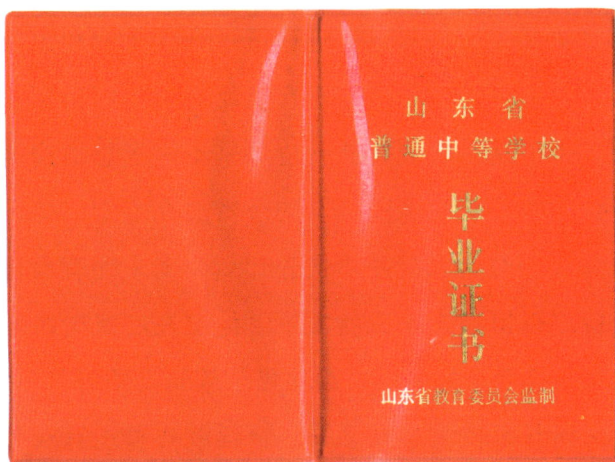

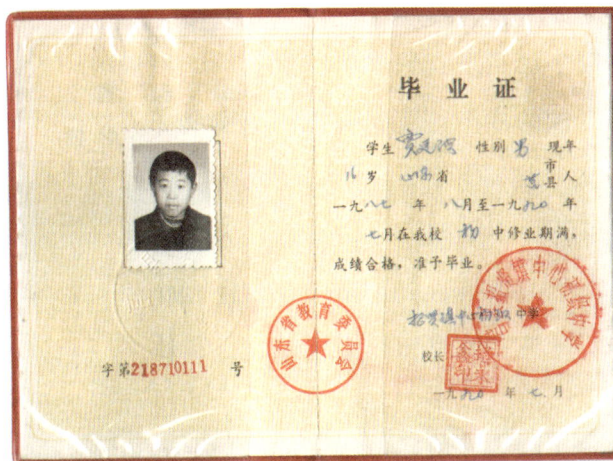

⊙ 贾廷波的莒县招贤镇中心初级中学毕业证（1990年）

终于，功夫不负有心人，贾廷波的努力得到了回报，1990年8月，他考上莒县第二中学的消息，又轰动了左邻右舍，乡亲们都知道，这娃考上的学校可是县城的重点高中哩，整个镇上每年能考上的学生，一只手都能数得过来。大家都说，老贾教子有方，之前考出个大学生，现在又培养出个好苗子，以后肯定有出息。听见这话的贾廷波，也只是不好意思地挠挠头，腼腆地笑笑，他并没有把亲朋好友的夸赞放在心上，更没有骄傲自满。他深知一时的成绩并不代表什么，未来还有很长的路要走，只有持之以恒，方能成就大事。他也在心底暗暗发誓，一定要像三哥一样考个好大学，给父母、给自己争口气！

第一次离开家乡去县城念书，贾廷波心里还有点儿打怵，他怕自己不能适应城里的生活，也怕跟不上老师和同学的节奏，但相较于那一点点紧张，更多的情绪是期待和激动，就像是上前线打仗的战士，踌躇满志，豪情满怀，他也意气风发，斗志昂扬。

县城里的高中果然不一样，学校大了好几倍不说，教室都要敞亮些，学习教具也先进得多呢，还有随和的老师和可亲的同学们，贾廷波在欢喜感叹的同时，也很快适应了新环境。班级的学习氛围浓厚，大家都很珍惜求学的机会，贾廷波丝毫不敢松懈，保持着先前养成的好习惯，别的不说，单是追着老师提问这一点，就贯彻到底了。高一的几位老师都表示贾廷波这孩子既机灵又踏实，将来必成大器。

太阳还在打盹儿，贾廷波就起了个大早，端坐在课桌前捧

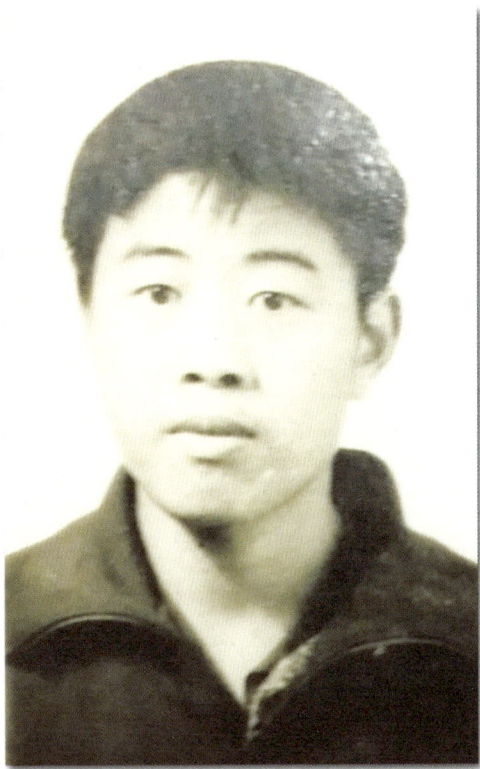

⊙ 贾廷波高中时的照片

着书大声朗读。相比于默读，他更喜欢畅快淋漓地发声读，读书的过程也是受熏陶的过程，他的自信心也在读书时得以增强。廷波每天不仅早上起得早，晚上也尽可能地延长自己的学习时间。夜空的星星眨巴着眼睛，隔着窗棂看去，窗内是奋笔疾书、一丝不苟的少年，窗外是他的盼望和远方。夜深了，星星睡了，廷波的床头依然有一盏灯亮着，很晚才熄灭。

贾廷波家境贫寒，父母把省吃俭用的钱交给他，他也细心收好不随意挥霍。在他看来，母亲做的咸菜最美味适口，煎饼就着咸菜吃，顶饱不说，还有家的味道。偶尔贾廷波也会盯着咸菜罐儿想家，想庄稼和磨台，但想念往往会催生出更强大的力量，他的学习成绩始终名列前茅。

冬天是最考验一个人意志力的时候，寒冷的季节，哪怕萌生出一点儿偷懒或放弃的念头，都会被无限放大。贾廷波不给自己懒惰的机会，每天依然照常作息。冷风从窗缝灌进来，他的耳朵经常冻得通红，手上也生了冻疮，他还调侃说，这下真成寒窗苦读了。贾廷波没有热水瓶，下晚自习后只能喝些冰冷的自来水，三九天也不例外，这让他的肠胃落下了毛病，至今也没有完全康复。

实现自我的突破

生活似乎跟贾廷波开了个玩笑，在高三这关键的一年，学校出于教学水准和成果考虑，调整了年级的师资力量，他所在的班级更换了班主任，原有的学习模式被打破，他和同学们一样需要花时间适应新老师的节奏。但随着学习方法的改变，他却有点跟不上大部队的步伐了。贾廷波天生嗓音洪亮，背课文时也喜欢出声，觉得有助于自己理解记忆，班主任却说这样会扰乱其他同学的思绪，要求他改成默记，一直都有的习惯要改变，着实让他暂时乱了阵脚。

贾廷波鼓起勇气，给班主任写了一封建议信，阐述了新方法的不合理性，怎料，班主任非但没有采纳，还当着全班同学的面一字不落地把信读了出来，他的脸通红，恨不得找个地洞钻进去。这件事对自尊心极强的贾廷波来说，是个极大的打击，那封建议信更是让他难堪的源头。那段时间，他变得郁郁寡欢，不再主动与人交往，课堂上最积极活跃的他变得沉默寡言。他也在想尽办法调整情绪，试图与自己和解，可脑海里总是出现那天建议信被班主任宣读的场景，他陷入了自我怀疑，把自己封闭在狭小空间里，和外界断绝了一切交流。

临近高考，贾廷波的情绪依然低落，愈加郁郁寡欢，平时最喜爱和擅长的科目也变得棘手，课堂上也总是盯着黑板发呆，成绩一落千丈。父母看在眼里，虽然着急，却不想再给他施加压力，只盼着天遂人愿，贾廷波能健康快乐就好。

1993年7月，贾廷波参加了决定命运的全国高考，这场考试，无论从形式还是内容上都与之前大为不同。平日里，贾廷波的数学和物理成绩欠佳，遇上难度层层加码的试题，他承受不住高压，身体也状况频出。不出意外，这一年的考试，贾廷波落榜了，与他曾经的理想成绩差之千里。出成绩的那天，贾廷波握着成绩单，一个人在房间里待了很久，这张承载他多年苦读的成绩单，变成一块巨石压在他的心上。

夜里，房间一片漆黑，贾廷波呆坐在桌前，把头埋得很深。如果考学这条路走不通，可以回家务农，好歹能帮父母分担压力，贾廷波这样安慰自己。可是，想起当初入学时踌躇满志的自己，想起父母殷切的期望，贾廷波深感愧疚，难道多年的努力真的要付之东流吗？眼前的黑暗被突如其来的光击退，贾廷波下意识抬起头，是母亲为他打开了灯，随后又默默退了出去。贾廷波有些愣神，原来父母一直在他身后支持着他。深思熟虑后，贾廷波做出了一个郑重的决定，他要复读，为自己的梦想再拼一把。

1993年9月，贾廷波选择去当时县城最好的高中——莒县第一中学复读，从而开始了他的高四学习生活。学校学生多，教室却比较少，学校便安排了两个班级到附近聋哑学校的教室上课。尽管如此，复读生还是挤满了教室，单是贾廷波所在的班

⊙ 贾廷波的莒县第二中学毕业证（1993年）

级就有七十余人，大家团团围坐在一起，虽然热闹，但也有不方便的时候。

那个年代的电力系统尚不发达，教室随时可能停电。每当停电时，贾廷波和同学们就点上蜡烛学习，时值三伏天，火日炙人，教室更是闷热难耐，室温一度攀升到四五十摄氏度。在这样的环境下，同学中有光着膀子学习的，虽然汗水顺着额头滴落在书本上，但他们手上书写的动作却没有缓慢半分。

每每看着闪烁的烛光，贾廷波就会陷入沉思，电的重要性不言而喻，已经深入人们生活的方方面面。他要成为一名电力人的想法，愈来愈强烈，他为此投入的精力也只增不减。

快节奏的学习氛围，推着每一位复读生向前行进，贾廷波不仅要跟上老师的步调，还得适时进行自我调节，不被负面情绪左右。

临近高考的半个月，是贾廷波最煎熬的日子，一想到前路漫漫，他就茫然无措，几乎夜夜难以入睡，直到坚持用山枣核泡了水喝，失眠的情况才得以改善。贾廷波也渐渐从焦虑不安的情绪中走出来，重拾信心，以昂扬的斗志面对高考。其间，贾廷波的状态平稳，成绩虽然不拔尖，但一直很稳定。廷波哥哥的同学根据他的成绩，向他推荐电力学校，他的性格稳重踏实，是个能静下心钻研，能吃苦耐劳的孩子，在电力学校学习电力知识，毕业了能分配工作不说，还能为国家电力发展做贡献，这可真是两全其美的好事。在一番有理有据的分析后，贾廷波动心了，与电的不解之缘也算真正结下了。

1994年7月9日下午，贾廷波人生中第二次高考顺利结束，他虽然乏了、瘦了，可是一年的磨砺成了他人生中的宝贵经历。这期间，他收获了友谊、梦想和更坚定的自己，贾廷波给自己的高中生涯画上了圆满的句号。

毕业时整装待发

1994年9月，贾廷波成功进入了山东电力高等专科学校，攻读电力系统及自动化专业。

这是一所由国网山东省电力公司举办并主管的全日制普通高等专科院校，该校凭借其过硬的专业实力，在电力、电气领域获奖无数且名声显赫，还配备了由专业领军人才组成的教师团队，为学生的求学之路提供了方方面面的保障。正是在这样优越的条件下，贾廷波有机会接受最正规的教育、接触到最前沿的专业技术，为他今后的学习和工作奠定了坚实的基础。

在贾廷波的漫漫求学生涯中，山东电力高专科学校的学习经历是他一生中最为难忘的。学校采用军事化管理模式，从生活习惯、学习技能、综合素质等方面着手，对学生进行严格要求。在每天的例行晨跑中，贾廷波总是最积极的那一个，每当熹微的晨光铺在跑道上，奔跑的影子就被拉长，他会闭着眼睛感受徐徐晨风，也会在心里默念前一天习得的技能步骤，把每一步操作细节都回忆一遍，为新一天的学习做足准备。这样从一而终的认真态度，使得他脚下的每一步都坚实有力。

在常人看来，近乎严苛的规章制度会耗光当事者的激情，他们身处这样的高压环境，会不自觉地怯懦和退却。布满条条框框的生活并没有让贾廷波觉得枯燥，他反而乐在其中，在反复的练习中磨砺自己的品性。贾廷波所在的级部采取的是工作分配制度，只有成绩合格甚至优异者，才能获得更多的实操机会、接触更多的先进设备甚至去一线锻炼自己的专业技能。在这样诱人条件的激励下，贾廷波投入了全部的精力，充分利用课上课下的时间，刻苦研学。也许老贾家的孩子都攒着一股劲儿，铆足了力气就一定要坚持到底。终于，干劲儿十足的贾廷波取得了级部第一名的好成绩，并且得到了在石横电厂实习的机会。他给老家的父母寄去喜报，和他们分享自己的收获和喜悦，字里行间也流露着他对家人的想念。

贾廷波父母苍老的面容在收到喜报的那一刻舒展开，父亲握着信件的手微微颤抖着，母亲也热泪盈眶频频擦拭着眼角，二老相视而笑，喜得不知道该说些什么。贾廷波离家求学，衣食住行再不由他们亲手操办，饭菜合不合胃口，被窝暖不暖和，冬衣还需不需要再添置，生活中的这些琐碎他们都无从过问，在他们所有的牵挂都无处安放时，收到了儿子的喜报，这是对贾廷波父母最好的宽慰。贾廷波父亲紧紧攥着一纸信件，像是要把这些惦记都糅进去。信末的"勿念"二字，也让二老备感欣慰，看来离家的孩子已是个能够独当一面的大人了。为

⊙ 1995年，贾廷波在石横电厂实习时留影

了向儿子表达祝贺和鼓励，贾廷波父母托人代写信件，信上的每一句话他们都字斟句酌，生怕想表达的意思有什么错漏。最后，千言万语汇聚成的一句"及时当勉励"，成了贾廷波毕生的座右铭。

在学习氛围浓厚的校园里，每位学子都满怀壮志，甚至在寝室里，大家的学习热情也能扫去一整天的疲倦。同学们围坐在一起，就课堂上的疑难问题展开讨论，颇有围炉夜话的氛围。贾廷波把同学们的见解和疑问一一记录下来，待众人散去后，独自伏案思考……静谧的夜里只有纸笔沙沙的声音，直到远处的天都泛起了鱼肚白，他才伸伸懒腰回到床上，带着还没厘清的工序入睡。正是如此只争朝夕、一丝不苟，培养了贾廷波做事认真严谨的态度，不论工程大小、程序繁简，他都坚持做到仔细排查，不容纰漏。他深知，电力工作不会给你反悔的机会，一旦出了事故，损失都是不可挽回的。与同学的合作与朝夕相处，也激发了他的团队意识与协作精神，数年日夜的积累，让贾廷波学会把握纪律的尺度，用衡量人生价值的标尺，去丈量生命的宽度和广度。

1997年7月，贾廷波如期毕业，因成绩优异被分配到了日照电业局，经过不懈的坚持和付出，他终于为自己迎来了大显身手的舞台。

哪怕已经顺利入职，贾廷波依然对学习有渴望之心，自从参加工作，他始终认为自己的学历水平有所欠缺，所以贾廷波在心里暗下决心：如果有合适的机遇，他一定会牢牢把握，提

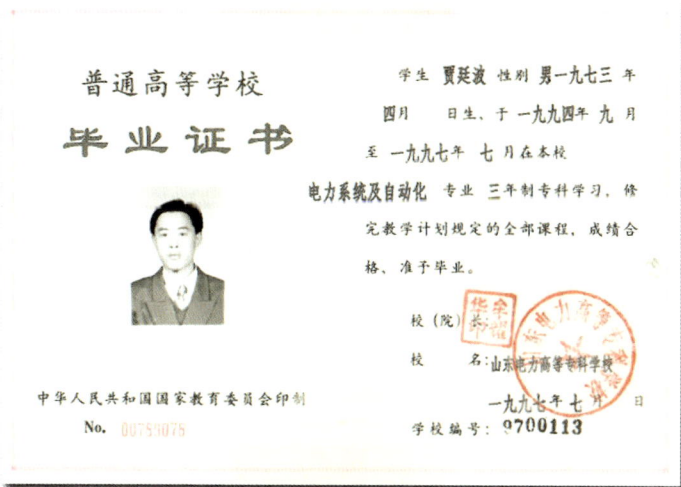

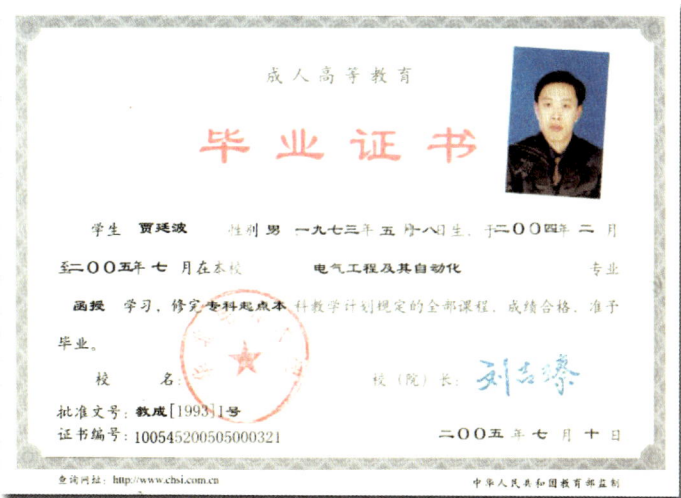

⊙ 上图　贾廷波的山东电力高等专科学校毕业证书（1997年）
⊙ 下图　贾廷波的华北电力大学毕业证书（2005年）

升自己。

　　怀着对知识的热切渴望，贾廷波决定参加2003年的成人高考，给自己创造更多的学习机会。暗下决心后，贾廷波便开始搜集资料，看到华北电力大学的办学模式和授课机制后，他被深深吸引。华北电力大学所教授和研究的内容，正是他欠缺且渴望学习的。同年10月，贾廷波参加了考试，11月便收到了华北电力大学的录取通知书，学习电气工程及其自动化专业。

　　贾廷波如愿进入华北电力大学深造，这所以能源电力为优势特色的高等学府，是一众怀揣电力梦想学子的心之所向，贾廷波也不例外，学校完整的新型电力系统教学内容、极具包容性的办学层次、享誉业界的科研能力，铺就了莘莘学子的成才之路。幸运的是，单位报考华北电力大学的人较多，经公司与学校商定，贾廷波和同事们不需要到学校上课，采用以自学为主、面授为辅的学习模式。贾廷波也充分利用这来之不易的学习机会，在和新设备打交道的同时，还热衷于分析其运作原理和内部机制，争取课堂效率最大化，遇到费解的难题，他便通过网络向老师虚心请教。尽管劳累，但他依然鼓足了干劲儿。工作时丝毫不懈怠，在贾廷波看来，能将课堂上掌握的技能用于实操，实现从理论到实践的落地开花，是电力人最好的成长方式。在专业课程的学习过程中，贾廷波对变电站设备相关知识产生了浓厚的兴趣，他不仅对电气设备的模型相当熟悉，理论知识储备也得到了显著增加。他用一腔热血平衡着工作与学习，实现了自我超越，力争把自己培养成全面发展的电力人。

第二章　筚路蓝缕，玉汝于成

山有顶峰，湖有彼岸

再偏远的路，都自脚下生花

他偶尝余味苦涩

却依然坚信万物皆有回转

世事之难，有千万般变化

不变的是他行程万里、初心如一

路虽远，行则将至

事虽难，做则必成

初生牛犊不怕虎

　　日照市因其"日出初光先照"而得名，是一座风景优美、物产富饶的滨海城市。对贾廷波来说，1997年的日照市格外特别。阳光从云层中透出来，柏油路上树影斑驳，温柔的海风迎面拂过，空气里都是大海的味道。电业局的高楼浸在日光里，显得庄严肃穆。楼下来来往往的人也都笑意盈盈，不急不躁，其中一人在大楼下站定，时而抬起头伸出手在空中比画丈量楼的高度，时而四下张望打量周遭环境。这便是大学毕业后，于7月16日第一次来到日照电业局的贾廷波。他第一次看到这么高的楼，却忘记为这一刻留下一张照片，至今遗憾不已。

　　年轻的贾廷波站在大楼下，紧紧握着苦等许久的分配通知书，想到他即将成为电力行业的一分子，能为电力行业做出贡献，自豪感便油然而生。

　　单位安排的宿舍虽陈设简单，但宽敞明亮，基本的生活用品也都配备齐全。待一切都安顿好，已是傍晚。贾廷波静静躺在床上，感受从窗口徐徐吹进的风，心里也澄明了许多。现在站在一条崭新的起跑线上，虽已做好了万全的准备，但他仍有些打怵，对于未来自己会成为什么样的人，贾廷波的眼前一片茫然。年少时的回忆再一次占据他的脑海，从20世纪70年代走过来的人都与他有相同的体会：在偏远落后的乡村，点的煤油灯都是稀罕物件，连灯芯也是挑出来重复利用，更别提能用上电了。每到夜幕降临，村庄田野就失去了活力，被黑暗笼罩，黑魆魆的一片格外瘆人。直到村里通了电，才真正实现了"万家灯火照溪明"。但是由于当时电力技术欠发达，家家户户之间的电线衔接也不紧密，所以会经常没有任何征兆地停电，给生活带来诸多不便。贾廷波是在这样的条件下长大的，他更能感受到电的可贵。他与电之间的不解之缘，也作为一种信念支撑着他甘愿默默做一位电力守护者，守护着万家灯火，使其永久不灭。

　　思绪回归，贾廷波站在窗边看去，家家户户的小窗被一盏盏灯点亮。他有所触动，回想起老家架线接电、第一次通电的那一天，十里八乡的村民都赶过来看热闹，他们绕着电杆下站成一圈，盯着高空目不转睛。地上分类摆满了铁附件，贾廷波挤在人群中间，盯着这些稀奇物件看了很久，他不知道大人们口中的电站是什么，只听见一阵欢呼声，才知道这项了不起的大工程竣工了。那一天，天色刚暗下来，村民就都放下活儿早早地回了屋，贾廷波的母亲带他来到屋门口，神秘地拉一下粗线，他的头顶上就亮起一盏灯。这盏神奇而明亮的灯，也是他未来踽踽独行时的情感支持和依托。虽然如今电力事业的发展蒸蒸日上，城市、农村都灯火通明，但经历过困难时期的贾廷波，作为一名电力人，依然信念坚定，立志让大街小巷、千家万户"通上电、不停电"，简简单单的六个字，真正付诸行动，也是困难重重。二十余载春秋已过，贾廷波依然在这条路上摸索。

贾廷波的第一份工作是到修验场的检修班，负责电力设备的日常检修和维护。上班第一天，他首先是在班长的指导下学着剥电缆皮。班长示范的时候，一整套动作如行云流水，娴熟麻利，看起来也格外轻松。当时的贾廷波刚刚毕业，有着初生牛犊不怕虎的气魄，不认为剥电缆皮会让他学到很多，心里还有些不悦，认为这些琐事完全不值得一个"高才生"在工地上反复练习。然而，等他真正上手时，心中所想完全被颠覆了，稳住电缆不晃动就极费功夫，在班长手里乖巧的电缆，此时却不听使唤，朝各个方向歪斜。外层的橡胶皮十分坚硬，贾廷波握着电工刀无从下手，加上缺乏实操经验，控制不好电缆的走向和力度，一不留神还会把手指割伤。他急得满头大汗，费尽力气才按照要求把电缆皮剥下来。虽然贾廷波成功完成了任务，但他羞愧难当。他经历过数十载的埋头苦读，也系统地学习过电力知识，工作内容的基本原理和操作技巧更是烂熟于心，他是旁人口中的"知识分子""文化人"，可当面对最基本的操作时，却举步维艰。他就像一个新入学的学生，信心满满准备挥毫泼墨时，却连笔都不会拿，这对一个新人来说，无疑是沉重的打击。

好在贾廷波天生要强，失落的情绪并未将他淹没。他让自己冷静下来，分析自己的短板。他发现，这些看似简单的"粗活"，实则粗中有细、大有学问，从哪一处下刀，切线的力度有多大、角度是多少，如何保证内部结构完好无损，凡此种种，都没有捷径，都是经验的积累和沉淀。班长"一刀准"的绝活儿，看似信手拈来，实则经历了千锤百炼，是十年磨一剑的结果。

从那以后，贾廷波也真正沉下心来，在班组一待就是三年，他不再为自己"高才生"的身份沾沾自喜，而是经常向有资历的老师傅虚心求教，不光是剥电缆皮，他要将电力人所需掌握的基本功逐一练习。日照的夏天气温不高但闷热，很容易使人感到急躁，贾廷波常常在工位前闷头钻研。电力工作大多十分精细，极考验人的耐性，他总是全神贯注。即使汗水打湿衣襟，他也坚持把手头的工作完成，生怕出什么差错。冬天酷寒难耐，铁铸的零件也是冷冰冰的，贾廷波的手长满了冻疮，一大半还裂着口子，但他对此全然不在意。在他看来，恶劣环境更能磨砺他的心智，这是弥足珍贵的经历，他将因此受益终身。也正是因为对自己的高标准严要求，贾廷波的业务能力得到了充分的锻炼，他也终于实现了从校园到实战场的过渡。他迈向电力事业的第一步，走得稳健又扎实。

绝知此事要躬行

五莲县是日照市的下辖县，因五莲山和九仙山而得名，是座不折不扣的山城。受制于山区的地理条件，通往县城的道路崎岖狭窄，但当地气候宜人，冬暖夏凉。贾廷波工作不久，恰逢五莲县220千伏的变电站开建，该项目由贾廷波所在的电力公司负责，他也得此机会被派往工地上学习。

从变电站选址到项目落成，每一环都在严格把控中进行，受制于县城特殊的地理环境，单是大型器械的搬运就特别耗时耗力，县城的土泥路更为工程的推进增加了不小难度。遇上雨天，贾廷波的双脚便会被沼泽般的泥路紧紧吸住，费很大力气才能拔出来。为了项目能按时竣工，工友们也花了不少功夫，他们常常卷起裤腿赤着脚就开始干活儿。到了冬季，五莲县的雪下得急，不多时就覆满了山头，临时搭建的工棚上也堆满了雪，雪化成水后从工棚顶部淌下，不一会儿，贾廷波的裤腿便湿透了，因此，单位给每个人发了双雨靴，用以防水防滑。

不光雨靴，在工地的一切吃穿用度，都由单位提供保障。天气冷了，单位就发棉帽子、棉大衣、棉马甲等御寒衣物。一日三餐也由单位提供餐券，大家都能吃饱穿暖。除了这些基本的生活用品，还有一天二十五元的补助，加上每月二百五十元的工资，一个月能领到千元。工地所在的位置荒僻、远离城区，这大大减少了贾廷波的日常支出，虽然在旁人眼中，这份工作劳累艰苦，但贾廷波却深知其中乐处，他不仅能深入一线厘清供电系统的始末，还有了人生中第一笔积蓄。贾廷波的家庭不富裕，他打小就过着节衣缩食的生活，父母靠着双手打拼，供家里的几个孩子念书，其中艰辛他都看在眼里。家里唯一的一头老黄牛，也在他毕业之前被卖掉了，现在的老家，用家徒四壁形容也不为过。好在所有的坚守都已开花结果，眼下自己的工作问题也得到解决，他终于有能力为操劳一生的父母分担压力，让他们过上幸福的晚年生活了。

在变电站工地的那段时光里，贾廷波时刻牢记自己学习和自我提升的初衷，没有荒废一分一秒。工作时，他就寸步不离地跟在师傅身边，仔细观察师傅的每一个动作，有看不明白的地方，便虚心请教，听师傅的讲解，还会随手把要点记录下来，这个好习惯他至今还保持着。工作之余，他也不敢有片刻松懈，随身携带读大学时的教材，根据白天的工作进度和内容，在书中找到对应章节，从理论入手进行研究，把相应操作的各个流程琢磨透了，再运用到实践中去。不仅如此，他还不满足于掌握现有的知识，针对不同方面的问题，都有自己的见解，例如如何把烦琐的步骤进行优化，如何减少不必要的人力物力，他都有自己的思考。

德国作家歌德曾说过，"经验是永久的生活老师"，空谈理论而不脚踏实地运用，学习便永远没有成效，只有将理论与实践有机结合，真正做到学以致用，才能在二者的相辅相成中得到成长。在此后的工作中，贾廷波也延续了这样的方法，且至今受用。

纵然有一腔热血，人在高强度的工作下也难免有懈怠之时，每每感到疲倦时，贾廷波总会听见一个声音在呐喊，帮他找回年少时的自己，倾听曾经树立的宏伟目标、理想信念。他就这样坚持着，坚定不移地往前走着。

日复一日，贾廷波的专业素养在逐步提升，工地的工程也在稳步推进，每个参与其中的人都鼓足干劲儿，大家勠力同心，变电站如期建成并顺利投运，崎岖不平的泥土地，摇身一变成了五莲县供电系统的核心区域。落日余晖下，几只麻雀落在电线上，叽叽喳喳地叫着，贾廷波看着面前的大工程，百感交集，想着五莲县的城镇村庄，甚至是荒野山地，都能被照亮，自豪感油然而生，心里还有些许感动。他想，也许这就是电力人工作的意义。

遇良师言传身教

国网日照供电公司（原日照电业局）是一家从事电力供应的企业，担负着日照市三区两县供电管理服务的重任。随着社会经济的不断发展，电力越发成为民生发展不可或缺的能源，在保障工农业生产、经济平稳运行中，有着举足轻重的地位。国网日照供电公司以构建覆盖面更广的智能电网，为人民提供高质量服务为己任，投入大批资金，为电网建设和布局优化蓄势赋能，保证了日照人民的用电需求和安全。从领导班子到下属员工，公司的每一分子无一不勤勤恳恳、踏实肯干，有逐电追风之势。身处于这样优秀的团队中，贾廷波感到十分幸运，同事们都与他志同道合，经常进行业务上的切磋，他也在与他人的交流合作中弥补短板，在守正创新中实现自我提升。

也就是在检修班班组里，贾廷波遇见了影响他一生的人——他的第一位师傅许传亮。像绝大多数勤恳的工匠一样，许师傅不善言谈，甚至有些严肃，多数时候都埋着头，大家围在一起谈论什么趣事儿时，他也只是坐在旁边静静地听着，眉眼带笑，手里还紧握着一把钢丝钳。尽管许师傅的工龄长，他是元老级别的人物，但岁月在他身上留下的痕迹未显露分毫，他依然精神抖擞，快步穿梭于各个检修点，查看电路故障时也目光如炬，提出的问题更是一针见血。贾廷波跟在师傅身后，熟悉工具、钻研技术，每天都能学习到大量的知识，也得到了飞速的成长。

贾廷波参加工作时，许师傅就已经在检修班班组任职数十年。坚持初心本就是难事，几十年如一日地坚守，终生不改初衷，更值得敬佩。贾廷波跟在师傅身边耳濡目染，深深体会到师傅的忠诚和担当，这些不仅令他动容，对他也是一种鼓励。

许师傅虽沉默寡言，但敦厚朴实，从不摆长者的架子，面对年轻人，总是笑眯眯的。许师傅的工作经验丰富，见识广、阅历深，贾廷波便向他请教问题，哪怕手头的工作再多再忙，许师傅也会把身边的人放在第一位，耐心细致地讲解，直到把疑难杂症讲清讲透。许师傅常说，答疑解惑也是自我修炼，贾廷波铭记于心，他也深刻地体会到，正是有许传亮师傅这样无私的人，甘愿燃烧自己去照亮后人的路，电力事业才得以传承。

也许是因为电力人有吃苦耐劳的那股劲儿，许师傅虽年长，但他从不服老，不辞辛劳、任劳任怨。年轻人望而生畏的脏活累活，他会主动分担，从不因为自己年岁大而推托；哪项工作缺人了，他也会主动顶上去。直到退休前，许师傅都一如往常早出晚归，来往于工地和公司之间，从不提特殊要求。他像一座可以依靠的山，也像班组的一颗定心丸，正如他的名字一样，把温暖和光亮传递给身边的人。和许师傅的相处，深深地影响了贾廷波为人处世的态度，毫不夸张地说，甚至改变了他的人生轨迹。

关于许师傅恪尽职守的事例不胜枚举，而有这样一件事，贾廷波始终难以忘怀。

那是被派往位于沧州市海兴县的中国石化加油站进行设备改造时的事儿，许师傅所在的班组负责设备的检修和更新。由于施工器具少，许多重量级的设备都只能靠人力搬运，包括一台价值二十二万元的电流互感器，这个大家伙不仅价格不菲，还在电流测量和继电保护中担当重任，这让许师傅倍感压力。他在现有的工具中挑来选去，最适合进行搬运的只是一辆小板车，大伙儿几人把互感器用绳子固定在小板车上后，在后面推着它走。意料之外的是，路面的大坑使得板车猛一颠簸，互感器往一边倾斜，眼看就要倒下来，大伙儿都傻了眼，呆站在原地，价值二十二万元的互感器啊，这个两米多高、近半吨重的大家伙一旦被摔坏，后果可是大家承担不起的。在众人还没来得及做出反应时，许师傅毫不犹豫，一个箭步冲上去，用后背牢牢抵住即将倾倒的机器，重量一时间都压在他身上，他一声未吭，这时，其他人才反应过来，纷纷上前齐力把机器扶正，待机器完好无损地直立在小板车上时，许师傅才直起身长舒一口气。最后，虽然保全了设备，但许师傅的腰却落下了病根儿，久坐后疼痛难忍，整个身子都直不起来。打那以后，为了不耽误工作进度，许师傅很少坐下，总是站着干活儿，直到退休的那一天，他还坚守在岗位上，真真正正地站好了最后一班岗。

　　许师傅的一言一行，贾廷波看在眼里、记在心里，在许师傅的影响下，他从未间断过对相关专业知识的学习，而且积极投身到实践当中，不断提高自己的专业技术水平。2009年，贾廷波通过层层选拔，以国网日照供电公司选拔赛第一名的身份参加了省公司继电保护专业技能竞赛，荣获个人第一名，并帮助单位获得团体第一名，这也是国网日照供电公司在继电保护专业竞赛中取得的最好成绩。

　　从刚参加工作时崇拜师傅，到如今成长为像师傅一样的人，贾廷波不仅学到了师傅的本事，还扛起了整个班组的责任，成长为一个克己奉公、忠于职守的人。从那以后，只要有演讲的机会，他都会分享许师傅的事迹，将这份在平凡中铸就的伟大传递下去。虽然许师傅已离开岗位多年，但他任劳任怨、尽心竭力的工作态度一直激励着贾廷波。

本事是熬出来的

　　"熬得住，就出众！熬不住，就出局！"

　　这是贾廷波经常挂在嘴边的一句话，人非圣贤，在面对一些棘手的问题时，他也会有惰性，所以才以此自勉。

　　贾廷波在工作中，积极践行着这句话。2000年，贾廷波被调到开关班，负责变电站内10千伏至220千伏的高压断路器和开关柜等设备安装、调试、检修维护的工作，并定期对设备进行试验，还负责设备消缺和验收等工作。

在外行看来，以上工作都是对电力系统进行维护，每个工种都大同小异，但其中跨度之大，只有操作者知道。全新的设备、陌生的工作环境，这些都与以往大不相同，这意味着贾廷波需要适应开关班的工作节奏，在一个新的领域里摸爬滚打。涌上心头的焦虑很快就被他压了下去，他一如既往积极向上，跟着新师傅虚心学习，开始一个全新的工作，他打起了十二分精神，遇到不理解的问题就积极向师傅请教，常常刨根问底。

恰逢日照市农网升级改造，这是助推乡村振兴战略的重大举措之一，旨在优化农村电网布局，多方位满足老百姓的用电需求。贾廷波随着班组进入工地，任操作手一职。待一天的工程量都完成，贾廷波才能放工休息，尽管如此，返回日照的时间他也从不浪费，他把当天的工作情况在脑海中重现，总结其中的缺失和所得，那些琢磨不透的原理，他也会反复思考加深印象。月光伴着晚风，拉长了他疲惫的影子。夜路上形单影只的他显得有些孤独，可孤独之下却是真实的满足。

回到日照，往往已是夜里十一二点，简单洗漱后，贾廷波又坐在书桌前，就自己存疑的地方查阅资料，对尚未涉及的操作步骤进行补充。翌日，太阳还未升起，贾廷波就已装备齐全，奔赴工程现场，在路上对前夜整理的知识点进行理解消化。贾廷波对于时间的分配逐渐细化，工期紧张时，通宵达旦的情况时有出现。他毕竟不是铁打的，长此以往，疲顿和无力感像石头一般压在他身上。然而，电力工作对专注力有极高的要求，一旦因为个人的失误出了岔子，整个团队都将蒙受巨大的损失，贾廷波自然深知其中危害，哪怕再苦再累，也凭着意志力坚持下去，正如他自己所说，熬过去就是柳暗花明。

但是，设备的检修工作并不容易，他要随身携带工具，利用安全脚扣，爬到几米高的变压器上，双手脱杆进行操作。起初，贾廷波颇为不适，生理和心理上都极为抗拒，身处高空，双腿还会不自觉地打战，但经过反复练习和心理建设后，他在高空中作业也能像在平地上一般自信了。

数九寒天，一片冰封景象，瓷栏杆又凉又滑，加之雪花落在器械上，给高空作业增加了不小的难度。两个钟头的检修过程，贾廷波始终绷紧一根弦，丝毫不敢懈怠。寒风卷起飘雪，在他身边呼啸，偶尔还会有冰碴儿打在他的身上，寒冷使他的双腿麻木，脸颊也被冻得通红，但他的动作却并未因此而迟缓半分，额头上还挂着水珠，分不清是雪水还是高压之下的汗水。暑天，烈日当头，水泥被烤得滚烫，为了不耽误工期，贾廷波往往顶着高温作业。不多时，衣服就被汗水浸湿了，甚至能拧出水来。系着安全带回到地面后，贾廷波只感觉到头晕目眩、两腿发软，在阴凉处休息许久才能缓过来，正是这样昂扬的斗志，使得他在工地一年多的时间里有所学、有所成，对生产技能的掌握也日趋成熟。

2002年，贾廷波被调到了继电保护班，负责生产技术管理及检修工作。而在此之前，他已分别在检修班和开关班实践锻

⊙ 贾廷波在莒州站进行高空作业

炼了五个年头，对于设备的检修与改造流程都熟记于心。彼时，原以为历经多年的历练，他在工作上已是得心应手、游刃有余，可万万没想到，胸有成竹的他竟被继电保护班的一个"下马威"绊住了脚。

那是刚调岗不久，贾廷波跟随班长卢嘉祥前往奎山变电站，处理一项技术缺陷，班长派他去接通变电站上的直流电源，对于继电保护班组人员来说，这是一项再基础不过的工作，但贾廷波一直从事与一次检修相关工作，对班长交代的事极为陌生，他站在设备前愣了许久，一时不知从何处下手。

其实，检修班、开关班和继电保护班都属于变电检修的范畴，但保护班又称二次运检班，负责各个变电站消缺，以及固定的大修技改工程，对技术的要求也更加严谨细致，可当时的贾廷波对此一头雾水。

他顿时涨红了脸，恨不得找个地缝钻进去，他在乎的不是面子，而是作为工匠的尊严。燃烧着的斗志掩盖了刚刚的窘迫，他暗暗下定决心，一定要争分夺秒，在最短的时间内，成为行家里手、技术"大拿"，这也并非逞一时之快、匹夫之勇，而是他对自己初心的坚决捍卫。有了坚定信念的支撑，贾廷波比以往更加勤奋，不仅开始学习相关理论知识，还积极实践，脚踏实地地弥补缺陷，就这样一步一个脚印，他的技能水平得到了质的提升。

2005年，贾廷波被任命为保护班技术员，负责本班生产技术难题的研究、分析和解决工作。如他所说，熬过了最艰难的日子，就一定会迎来曙光，正是无数次的从头开始，才激励他不断寻找新的可能性，一次又一次实现自我突破。世上从没有一蹴而就的成功，贾廷波的本事，都是熬出来的。

第三章 砥砺深耕，笃行致远

那些风雨同舟中的坚毅和坚守

那些寒冬酷暑里的守望和互助

勇往直前以赴之

殚精竭虑以成之

舍生忘死以从之

勇毅和执着

必将积蓄出前行的力量

照亮前进的道路

与时间赛跑

　　对于日照电力人来说，2006年是硕果累累、成绩斐然的一年，随着山东电力集团公司与日照市签署《日照电网"十一五"发展会谈纪要》，这座滨海城市迎来了新的发展契机，电力事业站在了行业更新换代的风口上，呈扶摇直上之势，并进行着革新。在这一特殊时期，公司承接了220千伏的东港站扩建改造项目，这是实现储电量扩增、保障民生用电的重要举措。但此项目工程量大，留给班组的时间也并不充裕，同时，恰逢继电保护班班长结婚休假，在这紧要关头，贾廷波主动接过担子，从设备运行状况的跟踪记录，到计划执行情况的监督核查，他每天都不间断地工作十多个小时，最终在班组同事的群策群力下，220千伏的东港站扩建改造项目按期交付，贾廷波带领同事们圆满完成了送电任务。于是大家都松了口气，相约去喝粥。可刚落座不久，仅一个说笑的间隙，贾廷波便坐在马扎上睡着了。

　　岁月不居，时节如流，还没来得及养精蓄锐，新的工程便接踵而至。随着城市面积不断扩大，经济发展进程加快，居民用电量需求也相应增加。为保障电力供应的稳定性，提高电网的安全性，莒州变电站规模亟须扩大。贾廷波肩负起莒州站扩建改造的重任，在摩拳擦掌预备大干一场时，他遇到了难题。

该站投运时间早，站内资料并不翔实，许多重要细节都已缺失，制订方案困难重重，加上电力工作容不得瑕疵，如果不能把每组数据落到实处，后果将不堪设想。正当贾廷波一筹莫展之时，国网日照供电公司档案员于青找到了他，并提供了详尽的档案。有了这些材料的支撑，贾廷波加班加点进行归类整理，对各个阶段的图纸予以梳理，对不同工期也有针对性地展开调研。最后，他一共整理出工程档案126卷、施工图纸2778页、一次及二次设备电气安装图1176份，每一个具体的数字，都是贾廷波夜以继日埋头伏案的成果。以此资料为基础，贾廷波片刻不敢停歇，迅速组织人员开展现场勘察，顺利完成了本次工程的126份拆线卡、144份接线卡以及80余张二次安措票的编制工作。贾廷波又根据统计出的材料清单、保护配置、技术参数、设备主要供货商台账等信息，落实了相关安全思路、备品备件的准备工作，最后完成了工程实施方案16份、应急预案23份，为工程的顺利开展奠定了基础。

如果岁月有痕迹，那一定是凝聚时间和心血的证明。2006年6月6日6时6分，贾廷波填写完最后一张工作票，宣告了他们提前完成莒州站2号主变送电任务。他的恪尽职守，给莒县供电带去了新的生机，原有的供电质量不高、输电面狭窄等问题都得到了妥善解决，社会及广大客户也对此赞不绝口，他们再一次认可了速战速决的"日电速度"。

这串寓意吉利的数字，也并非巧合，是贾廷波及其班组早出晚归、披星戴月的成果，临近完工的前夜，他们也丝毫不敢懈怠，仍在工地上通宵达旦地坚守。卸下重任的那一天，大家都热泪盈眶，其实，哪有什么英雄或者奇迹，不过是平凡人的坚持在发光罢了。

莒州站扩建改造工程稳步推进时，贾廷波班组又接到一项新的任务，韩国现代威亚汽车发动机（山东）有限公司落户日照，为保证企业用电，市政府要求新建110千伏古镇变电站。这是为经济、为民生保驾护航的工程，贾廷波及班组成员都精神抖擞、跃跃欲试。

到达施工现场后，大家的工作热情就被现实浇灭了，彼此面面相觑，志在必得的气势也弱了下去。原来，生产楼的土建工程尚未完成，贾廷波看着面前还没竣工的水泥墙，砖块和钢筋也都还堆在地上，连个下脚的地方都没有，他陷入了沉思。

钟表上的指针并不会因此放慢脚步，再艰苦的条件也总有法子克服。为了赶工期，贾廷波带领班组和土建施工交叉作业，他为了打消组员们的顾虑，经常身先士卒，率先将设备调试完毕，身上常蒙了一层灰。为避免施工时颗粒物对设备造成损害，贾廷波将塑料布盖在设备上面，他们则屈着腿、佝偻着身子，钻在塑料布下面操作，一整天下来，往往腰酸背疼。

班组成员齐心协力，在与时间的博弈中取得胜利，仅用了二十五天便成功实现送电，提前三天完成组织交代的任务不

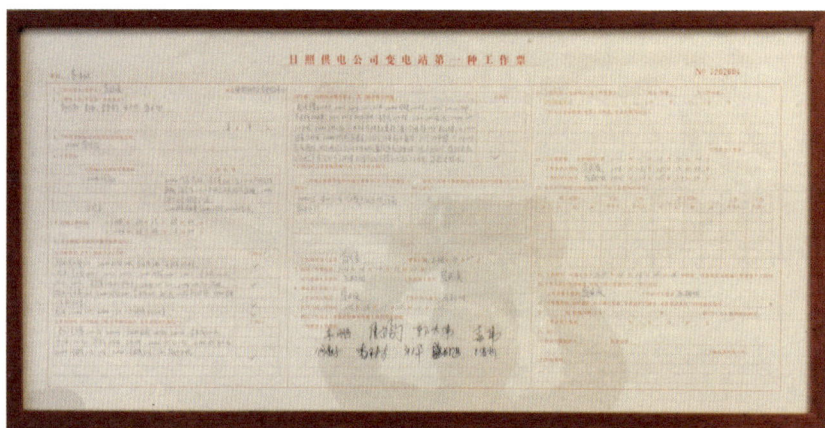

⊙ 2006年6月6日6时6分，贾廷波填写的莒州站2号主变送电任务工作票

说，还创造了公司110千伏变电站电气施工的新纪录。当古镇的项目如火如荼地进行时，莒州站的扩建工程也没落下，贾廷波对整个项目的布局规划都了然于心，时刻关注着进度，对工作内容及时予以修正和补充，两头并举，最终都出色完成，每每翻开翔实的工作日志，与班组一同奋战的时光便历历在目，似乎那天的风和雨再次来到他身边。

对贾廷波而言，2006年是他从业以来最劳累的一年，马不停蹄奔波于工地之间已是生活常态，一天下来，整个脚底全是水疱，回到工棚连袜子都不敢脱。虽然如此，贾廷波却依然坚守着自己的初心。休息时间屈指可数，但坚信勤能补拙的他，一头扎进工作中，就要做出个名堂来才肯罢休，也正是他的持之以恒，造就了如今成绩斐然的他，也给了他更大的底气，面对年少立志时的自己。

全新的使命

生活从不会亏待脚踏实地、满怀热情的人，贾廷波凭借一腔热血，也终于经过岁月的历练，得到了认可和回馈。2007年，贾廷波被任命为继电保护班班长。上任的那一天，他特意换上了西装，打着领带，以最饱满的精神状态迎接新的工作。他一身正气，笑起来和蔼可亲，组员们都信任他并且依赖他。贾廷波深知，班长是整个班组的核心，是班组的力量所在，更是攻坚克难时的中流砥柱和后盾，他肩上扛起的，不再只是自己的责任，而是团队的希冀和未来，这份使命虽沉重，却无限光荣。

过往每一项工程留下的痕迹，不会随着时间的推移而消失，反而历久弥新，被时光赋予新的意义，贾廷波对待工作的态度便是如此，只有对过去心怀感恩，未来的路才能走得更踏实。为了及时总结经验教训，每一项工程顺利落成后，贾廷波都会对工作细节进行记录，再备份留存，以备不时之需。从设备的运行状态、人员的交接流动、问题的应对处理，到天气的阴晴、空气的湿度，都归类存储在档案里，一旦发生意外，也不至于措手不及，至少有迹可循、能第一时间进行补救。这份档案对贾廷波的意义，更多是自察自省，一字一句撰写的过

⊙ 2007年10月，时任继电保护班班长的贾廷波在办公室留影

程，也是他自我反省的过程。

身为班长的贾廷波，常常掌控大局，统筹协调各方人力物力时也游刃有余，并且擅于对潜在的风险进行预测，提前规划好应急方案，最大程度上降低损失。凡此种种并非偶一为之，贾廷波电脑里的文件夹就能给出答案。编撰整齐、命名工整的文件里，详细记录着公司所辖变电站设备的情况，老旧程度、软件版本、检修状况，每个细节都一一对应，再精细的数据也不差毫厘。在贾廷波看来，只有把最新的信息都握在手里，抓住行业变化趋势，设备才能及时得以更新，技术才能相应实现与时俱进，从而让自己得到面的发展和进步。

贾廷波的档案里，不仅记录着他对工作的殚精竭虑，更蕴含着他对班组成员的情深义重。每位成员的工作情况，都有案可查，需要改进的不足与可贵的进步，贾廷波也会予以适时的鼓励和赞扬。有时候连班组成员自己都忽视的细节，贾廷波都详尽地记录了下来。不论是初露头角的新人，还是老当益壮的元老，贾廷波都给予他们充分的尊重和空间。因为如果在熟知每位成员擅长领域的前提下，有的放矢地安排任务，会让大家的能力得到充分的发挥。 一枝独秀比不上万木争荣，比起个人的成就，贾廷波更在乎团队的荣耀，他履行着作为班长的职责，竭忠尽智、任劳任怨，在工作和生活中都受人敬仰。

看似简单的工作日志，其整理和归档都并非易事，对本就忙碌的贾廷波来说，是一个不小的工程。他会每天晚走一小时，把当天的工作情况悉数记录，再对出现的问题进行核实分

国家电网 STATE GRID
山东日照供电公司
SHANDONG RIZHAO POWER SUPPLY COMPANY

五莲站继电保护检修记录表

序号	站名	工作负责人	工作班成员	工作日期	工作任务	检修结果	备注
1	五莲站	贾廷波	林星 民工4人	2007、09、18			
2	五莲站	贾廷波	林星 民工4人	2007、09、19			
3	五莲站	李伟	林星	2007、09、21			
4	五莲站	李伟	林星 杨磊	2007、10、12			
5	五莲站	于阳	王志亮 盛长旭 柴金刚 邱加丽 贾廷波	2007、10、16 11、09			
6	五莲站	柴金刚	贾廷波 盛高旭 杨磊	2007、11、12			
7	五莲站	贾廷波	柴金刚	2007、11、12			

⊙ 2007年12月，贾廷波编写的保护检修记录表

析，确保各项指标无误后，以变电站为单位分类整理归档。翌日，他也会提前一小时到岗，梳理当日待分派的任务，把工作中的危险点和注意事项反复强调，并提前告知规避方案，最大可能保证组员的安全。

那段时间，贾廷波终日处在高压状态下，脑袋里紧绷着一根弦，精神也时刻保持高度集中，生怕一个愣神就让时间白白溜走。回莒县老家探亲时，他的后备箱里也装备齐全，但都是成套的专业设备，以便遇到紧急情况能及时赶赴现场处理，家里人常常拿此事打趣，能让贾班长风雨无阻、使命必达的，莫过于变电站的一通电话了！

尽管贾廷波做得如此充分，可他还是无法安下心来，为了能及时应对一切突发状况，贾廷波将家里和公司的电脑系统进行了连接，每逢雷雨天气，他就整夜守在电脑前，紧张地盯着屏幕，哪条线路跳闸了，系统马上就能显示出来，他总是怕因为自己的疏忽，影响电路抢修的进度。打雷时，贾廷波的心就会提到嗓子眼，直到轰鸣的雷声渐渐平息，他才会安心片刻。恶劣天气下，电路抢修工作难度很大，如果不能及时从源头发现问题，为后续工作争取时间，居民用电就无法得到保障。那段时间，贾廷波常常夙兴夜寐，一心挂念着工作，他也因此消瘦了许多。

新员工入职满一年，集团公司会组织调考，目的是对从业人员专业知识掌握程度进行检视，着力查缺补漏、以考促学。此次调考抽中了新员工王志英，看到这个抽签结果，大家的心都悬了起来，王志英是个羽翼未丰的新人，缺乏工作经验，让他代表公司参加这么重要的考试，能否取得好的成绩，大家心里实在没底儿。但谁的成功不是从无到有呢？作为班长的贾廷波，主动承担起对王志英的训练工作。上班时间，贾廷波便从实操入手，结合自己的实际操作进行讲解，王志英在旁观摩、学习经验。下班后，有了一对一辅导的空间和时间，贾廷波便从基础理论开始进行详解，并采用提问的方式筛选出难点，王志英难以掌握的地方，他也不厌其烦地重复教导，帮王志英转换思路进行理解，最终在贾廷波的帮助下，王志英取得了突飞猛进的进步，并在考试中取得了第一名的好成绩。

2009年，贾廷波带领团队参加继电保护专业技能竞赛，他并不看重名次，只当是一个锻炼班组成员的机会。然而，令他颇为惊喜的是，自己夺得了个人赛的桂冠，成员们一路过关斩将，一举夺魁，夺得了团体赛的桂冠。他一手教出来的徒弟李兵，入行仅一年时间，更是取得了个人第八名的好成绩。这对贾廷波而言，无疑是莫大的鼓舞，看着组员们喜不自胜、神采飞扬的模样，贾廷波也发自内心地感到喜悦。

理念的深化完善

宽敞的房间里，地面被打扫得一尘不染，阳光从窗户透进来，静静地落在地面。干净整洁的书桌上，摆放着调试设备的工具，档案柜里的文件袋也被分类整理，其后白墙上挂着的工作准则，是约束和严格要求自己的写照，旁边则是金灿灿的荣誉奖牌，是骄人成绩的证明。白炽灯昼夜不息，围坐在长桌前的人井然有序地进行着会议，每位参与者都聚精会神地看着、听着，门口的指示牌上亮着八个大字：贾廷波创新工作室。

2010年，为满足科技创新的需要，在公司的筹备和贾廷波的组织下，以贾廷波名字命名的创新工作室建立了。这是公司自成立以来的一大创举，工作室秉承着"以人为本、专业专注、精益求精"的传统，旨在攻坚克难，提升员工的整体素养，实现先进技术的更新换代，为电力事业源源不断孵化人才。

空有名头却做不出成果的面子工程是贾廷波鄙弃的，他深谙作为工作室的负责人，只有为公司、为社会做实事，工作室的价值才能得以体现。有了这样的认识，他很快将目光投向了亟待升级改造的变电站。

国网日照供电公司管理着一百多所变电站，单是站内日常

⊙ 以贾廷波名字命名的创新工作室（2010年）

的巡查、维修工作，就极为烦琐，而在传统设备进行倒闸操作时，对人力物力的要求则更多。所谓倒闸操作，其目的是改变电力系统的运行方式，转换设备的工作状态，用于故障检修和系统调整，是电气工程不可或缺的一环，常常需要员工赶往现场进行操作。但这个项目不仅费时费力，安全性也极差，一不留神便会造成事故，亟须智能高效的新技术来改变现状。若能实现远程监控，将故障一键化处理，不仅工作效率会显著提高，员工的生命安全也能得到保障。

有了这样的想法，贾廷波毫不迟疑地展开行动，他带领工作室的同事们对现行倒闸操作流程进行分析，提炼出大批可用的数据，很快找到了突破口：敞开式设备"双确认"装置。这一装置的落地，实现了设备的自动化运行，工作人员只需要在监控室点击鼠标，就可以替代以往的所有劳动，节省了人力物力的同时，最大限度提高了操作效率。

完成系统的更新换代后，亟待解决的难题纷至沓来，传统变电站的直流电源由蓄电池组提供，单只蓄电池损坏，会破坏整个供电系统的平衡。针对这样的情况，贾廷波借阅了二十六个变电站的运维档案，对不同型号蓄电池组的技术参数、活化记录、核对性充放电记录等信息进行研究，并向相关专业技术人员咨询，以确保数据分析的可靠性和可行性。有了数据分析做支撑还不够，贾廷波坚信实践出真知，便进一步展开了实地测试。最终他研制出了适用于电池摘取的跨接器，即在不破坏电池组整体性的情况下，摘取单只受损电池，从而大大提高了

⊙ 2019年4月，贾廷波获得"山东省电力公司工匠"称号时留影

变电站蓄电池组的可用率。这是电力行业在技术创新上的一大突破，也为接下来的研究提供了方向。

"于点滴处积累，于细微处创新。"这是工作室的创新理念，贾廷波本就是一个实干家，他深知，创新落地并不是造空中楼阁，聚焦于实际生产，去发掘工作中的技术难题，有针对性地逐一攻破，才是工作室的职责所在。电力工程本就是一门考验人耐性的学问，工作室所提出的一个"微"字，囊括了电力人的专业精神和态度，只有见微知著、睹始知终，才能真正量化每一个细节，而细节往往决定成败。

在先进理念的指引下，贾廷波带领工作室立足实际，大胆创新，他主持完成的创新成果有二十余项，并且都获得了市级以上表彰，三十多项创新成果取得国家级专利，公开发表的论文也有十余篇。而这些科技成果，也真真正正为电力事业所用，为公司节省了一大笔开支。贾廷波创新工作室因此获评"山东省劳模创新工作室""山东省电力公司技能大师工作室"，贾廷波个人也荣获了"山东省劳动模范""全国电力行业技术能手""山东省首席技师""齐鲁工匠"等称号。

尽管取得了如此傲人的成绩，贾廷波依然没有志得意满或心高气傲，他放平心态，继续探索着工作室的可能性，并针对一批"热血青年"，开设了工程特训营，即组织青年员工到工程现场观摩学习，在实操中磨炼本领，使其具备更高水平的专业技能后，从容走上工作岗位。在贾廷波眼中，这些意气风发的年轻人都是栋梁之材，他们匠心独运、满腹经纶，再适时加

⊙ 2011年4月，贾廷波（右一）在给徒弟张健讲解图纸

以提点和培养，一定能成才成器。

看着踔厉奋发、神采奕奕的后辈，贾廷波不禁感叹后生可畏，自己这一代人总有退居幕后的一天，电力事业的未来掌握在年青一代的手里。为此，贾廷波甘做孺子牛，亲临工地指导青年员工的工作，并为他们答疑解惑。遇到复杂难懂的施工图纸时，他便一处一处圈点讲解，繁复的地方还会附上详细的批注说明；若是青年员工在专业操作中有疑惑，贾廷波也会不厌其烦地亲自示范，操作时还不忘耐心解释每一步的要点；新发明的设备不能物尽其用时，他便手把手地进行教学，从设备的发明原理到使用的技巧都倾囊相授、知无不言。在贾廷波的悉心指导下，学员们的实操能力都有很大提升，遇到困难时也有了独当一面的架势。

贾廷波对后辈们的教导和关切，不仅体现在他平日的谆谆教诲中，更在他以身作则、身体力行中得以彰显。设备的正常运行是送电成功的保证，贾廷波不论多么忙碌，都要抽出时间，赶往现场查看设备情况，他的责任心、敬业的态度，让年轻人很是敬佩。

为电力事业呕心沥血、不遗余力，已是贾廷波的生活常态，不论什么日子都没有例外。有一年贾廷波的生日，他仍然坚守在工地上，纵使条件简陋，班组成员也自发组织为他庆生，想给他一个惊喜。大家本意也是希望帮助他暂时卸下压力，身心得到休息和放松。贾廷波得知此事后，马上阻止了大家，反而把大家领到工棚里：一盏台灯下，是展开的施工图

⊙ 2014年，贾廷波（左一）和220千伏莒州变电站站长刘淑明一起巡视设备

纸，是几双求知若渴的眼睛，是贾廷波绘声绘色、鞭辟入里的讲解。也许在那一夜，贾廷波确实许下了生日愿望，是工作室前途一片光明，是电力事业一路星光璀璨。

贾廷波不辞劳苦、任劳任怨的品质，在他的日常工作中体现得淋漓尽致。数九寒天，工地上白雪皑皑，这样的环境对施工是极大的考验，但贾廷波仍然身先士卒，提着他的标配工具箱，一路踏着积雪前进，丝毫不敢放缓脚步，尽管积雪已经没过脚踝，但是他踩下的每一步都坚实有力。在他的感召下，后辈们也都养成了吃苦耐劳的性格，不再畏惧大自然给予的挑战，敢于迎难而上、奋勇争先。

工作中力不从心之处，可以通过后天的弥补加以改善，一旦品行有污点，便无法补救，甚至会抱憾终生。在贾廷波看来，健全的人格才是行事的根本，做一个有修养、有情操的人，比在工作中取得成就更为不易，他时常提醒工作室的年轻人自察自省、约束自我。为了进一步规范纪律，培养后辈们的道德情操，贾廷波号召全体党员，在变电站郑重宣誓，坚守初心，为党和人民赤诚奉献，庄严坚定，党旗高举，紧握的拳头是电力人的赤胆忠心。

在贾廷波和青年员工的通力合作下，工程特训营规模日渐壮大，人才辈出，涌现出一大批以日照市五一劳动奖章获得者秦昊为代表的业务骨干。现如今，贾廷波创新工作室的规模也逐渐扩大，其中承载着成员们取得的所有成就，是大家矢志不渝的证明，更是激励下一代电力人继往开来的助推剂。尽管在

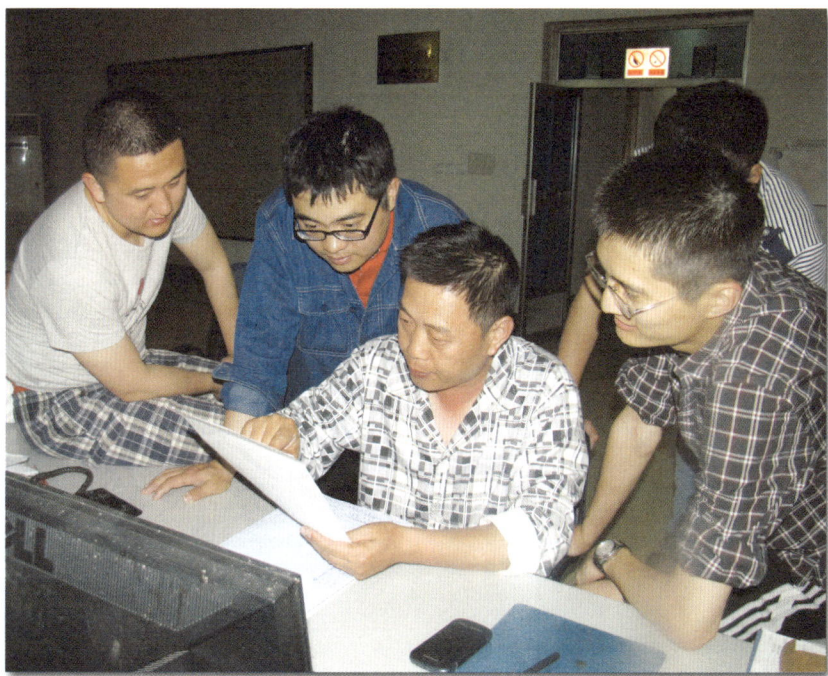

⊙ 2014年，贾廷波（左三）利用晚上时间带领大家学习

众人的勠力同心下，工作室已占据电力行业的一方天地，但贾廷波深知，未来道阻且长，唯有保持这般强劲的发展势头，工作室才能永葆活力。

行走的"百科全书"

勤学为先，思真为本。自入行以来，贾廷波就保持着谦逊的态度，每一次调整班组后他所负责的工作从生疏到精通，都是贾廷波废寝忘食、孜孜以求的结果，而辅助他的，便是他随身携带的笔记本。

刚参加工作的时候，无论理论研究还是实际操作，贾廷波都有闻必录，记下不理解的重难点，这样不仅能够加深印象，还能为深入地学习提供帮助。工作之余，偶然冒出一个奇思妙想，或是对本来一知半解的难点有了新的想法，贾廷波总会及时记录下来，而后再把想法进行验证。从想法到落实，与其他人相比，贾廷波的进步总是更快些。面对一个尚未涉足的新领域，贾廷波也能很快调整状态跟上节奏。接触陌生的设备时，他会积极地查阅设备档案，了解其基础的性能功用，长此以往，贾廷波便得了个"编外档案员"的名号。下班后，贾廷波的"晚课"便是拿出笔记本，总结这一天的工作得失、心得体会，也正是夜深人静时的自我反省，使贾廷波提高了自我认知

⊙ 2019年1月30日，贾廷波奔赴在抢修路上

能力，所有的成绩也都如约而至。

从来都没有横空出世的天才，只不过是厚积薄发罢了。这些用心完成的笔记，一路伴随贾廷波成长，他也将这个好习惯延续至今。本子里的内容也越来越丰富，从工作内容到注意事项，从人员调度到气温状况，他都详细记录并保存下来。翻开他的工作笔记，呈现在眼前的，似乎不是整齐排列的汉字，而是有序的工作场景，一切人和物都跃然纸上。

上百个小本子摞在一起，已有一米多高，封面已经泛黄，内页也因长期翻阅变得皱皱巴巴。它们见证了贾廷波从最初的操作手，到后来的主责、技术员、班长，再到工区的专工和主任师，从电力一线的劳动者，成长为行业的佼佼者。贾廷波的精气神，在潜移默化中感染了同事们，在他的带领下，班组成员都养成了记录归档的习惯，每次完成检修任务后，他们都对设备相关的必要信息一一记录，这让每一个检修项目都有据可依、有证可查，极大地提高了工作效率。

贾廷波勤恳钻研的学习态度，得到了前辈的认可、后辈的尊重，变电运检室负责人李鹏就对他印象深刻，提起贾廷波更是赞不绝口，称他为少见的"复合型人才"，对每一项工作都了如指掌不说，还学而不厌、手不释卷，在工作和生活中勤勉好学、力争上游。同事们对贾廷波十分敬佩，称他为"百科全书"，请教他平日里遇到琢磨不透的难题，他也能不厌其烦地解答，甚至设备复杂的运行系数，贾廷波都了如指掌，真真对得起这个名号。

⊙ 贾廷波部分笔记本

设备的精研谨究

从小就动手能力很强的贾廷波，长大后也延续了爱琢磨、爱鼓捣的性格。但此时的他，已没有了儿时的调皮和稚嫩，外加过硬的理论知识储备和实操经验，这对贾廷波来说，无疑是锦上添花。

回想起做学徒的日子，单是剥电缆皮的活儿就磨平了他所有锋芒，那一刻的窘迫他现在想来仍觉如芒在背，再推己及人地思考一番，现今的年轻人或许也会被这个"拦路虎"绊倒。传统来说，剥电缆皮使用的是电工刀，若缺乏实操经验，下刀时往往有轻有重，无法准确把握力度，如果再是个急性子，毫无底气地一刀下去，很容易损伤电缆线芯，不仅造成不必要的损失，对年轻人的自信心也是极大的打击。既然如此，为何不立足于实际情况，设计一种专用工具？

贾廷波雷厉风行，一产生这个想法就立刻组织起工作室成员，对现有电刀、电缆的规格和尺寸进行研究。基于用电工刀剥电缆皮的原理，打磨制作出不同型号的工具，上手简单且实用性强，不仅提高了电缆接头的质量，又保证了工作效率。新员工们像是发现了新大陆般又惊又喜，试用过后一致给出好评。

由于行业的特殊性，大部分检修工作都需要在高空完成，安全保护措施的完善，不仅能保证工作顺利展开，更是对员工的生命安全负责。置身于数米之上的高空，如何最大限度地进行自我保护？为了解决这个非同小可的难题，为了尽到负责人的职责，贾廷波组织一批技术人员，对现有抗压减震的材料进行分析比对，模拟悬挂装置，最后选择可塑性、可焊性强的角铁，以及黏结力、机械度、电绝缘性高的环氧树脂作为保护装置的材料，再经过多次试验和调试，研发出简单且实用的成品。

像这样的小发明不胜枚举，大多是工作经验的产物，不仅为日后的操作提供了便利，还很大程度上增强了工作室成员的自豪感，让他们在今后问题的处理中更加得心应手、游刃有余。

建立数字档案，是贾廷波工作中又一创新点。传统的质检和考核方案，都是临场下功夫的老路子，容易引发团队的惰性，贾廷波上任后，便对工作标准做出了进一步要求，电力工程不是一枝独秀的舞台，组织优化是提高执行力的根本。他充分落实了对班组的规范化管理，建立翔实、真实的数字档案，对每一项任务需达到的预期提出明确要求，设备的维护保养也由点及面、不遗巨细。在贾廷波的督促下，班组越来越像一支训练有素的军队，基础扎实、根底深厚，组员凝心聚力、团结一致不说，工作水平也显著提升。

作为工作室负责人的贾廷波，其志向远不止如此。势必要将创新创造贯彻到底的他，加大了班组培训的力度，先从理论上实现脱胎换骨，再学以致用、躬行实践。他们成立了多个技

⊙ 2013年11月，贾廷波（左二）在教徒弟们使用新发明的钩刀剥电缆皮

术攻关小组，通过头脑风暴等方式，拓宽探究思路和视野，求得最优方案。

贾廷波回想起年少时的咽苦吞甘，茅塞顿开，现在的年轻人生在了不愁吃穿的好时代，未经世事、不谙其苦，唯有离开舒适区，去经历风吹雨打，才能客观地认清自己所处的位置，看清自己与佼佼者之间的差距。为此，贾廷波组织班组参加了同业对标，在指标达成、工作质量等方面与兄弟单位友好切磋。在数次比拼中，班组成员的斗志被激发，谁都不想成为拖后腿的那个，便在贾廷波的指导下，组织建立了一套更完备的工作制度。成员们常常自发聚在一起，或分析探讨图纸，或分享自己在工地上的所见所感，遇到瓶颈集思广益、博采众长，大家纷纷拿出自己的看家本领，久而久之，每位成员的各项水平都有所提升，工作室还在行业评选中获得了"标杆班组"的荣誉称号，同行们对他们取得的成就交口称誉，时间不会辜负每一个默默耕耘的人，他们也确实是实至名归。

这时，组员们才顿悟，和其他单位的比拼远非贾班长的初衷，争名次不如自身能力提高来得实在，与其费尽心力和旁人做比较，不如在自己面前放一面镜子，实现自我的突破和超越，看来，贾班长对于年轻一代的引导，还是很有一套的嘛！

在这个日新月异的信息化时代，团队的建设也得与时俱进、推陈出新，只有准确及时把握行业风向与趋势，才能第一时间抓住发展机遇。据此，贾廷波积极推动班组的信息化建设，建立起一套囊括检修信息的数据库，实现资源的实时公开与共享，数字图纸不仅为施工提供便利，其绘制和修改也便捷及时。而细化的工作流程更是大大提高了容错率，各单位在施工时对细节精准把控，人力和物力的组织投入也井然有序，工程质量得到了极大的保证。

在工作室的平稳运转下，贾廷波参与的质控成果《减少变电站直流系统发生次数》，以及主持的质控成果《变压器直流电阻辅助测试装置的研制》，荣获山东电力集团公司质控成果一等奖，并在中国质量协会组织的全国质控成果发布会上获得一等奖；其所在小组被授予"全国优秀质控小组"荣誉；他加入的"黄海明珠"和"猫头鹰"质控小组也被评选为"山东省优秀质量管理小组"。这些荣誉，不仅极大地肯定了他"绝知此事要躬行"的工作态度，更是对他、对整个工作室的激励和鼓舞。除这些科研成果外，贾廷波还致力于理论研究，他撰写的论文《IEC60870-5-104远动规约在微机保护接入中的实践应用》获中国经济社会发展优秀成果一等奖；主持的创新成果项目《综合防雷信息管理系统的探讨》，获得全国管理创新成果奖一等奖；编撰的课题《实现实训室技能与创新一体化培训的探索与实践》，获得山东省企业培训与职工教育重点课题研究二等奖；组织开展的《利用暂态行波的小电流接地故障保护技术研究》《面向供电可靠性的配电网继电保护配置与整定策略研究》等六项省公司级科技项目，通过国家电网公司验收，获得山东电力科技进步三等奖四项、专利奖一项，以及技术革新奖一项，这些斐然的成就，也再次证明了贾廷波基本功的扎实。

　　对贾廷波而言，让他笔下生花的素材，都是多年工作经验的总结，在一线的摸爬滚打，不仅磨炼了他的心性，也使他养成了在工作中铢积寸累、温故知新的习惯。他精准判断行业风向，编写的《无线电发射与电子通信》一经现代出版社发行，便在业内获得如潮好评。他撰写的《如何减少变电站保护测控装置二次缺陷》《雾霾现象对变电设备外绝缘影响的研究》等十余篇论文在国家级期刊上发表，拓宽了变电保护的研究范围，更向读者呈现了多样化的研究视角，呈现出电力世界异彩纷呈的一面。

　　这些头衔和成果，让贾廷波声名鹊起，成为领域内的金字招牌，但在他看来，再多的名誉都不过是档案室里封存的文件，尘封后都已成为过去，而时代的发展却不会停下，业精于勤，唯有在这条路上马不停蹄，方能精进不休，抱有如此心态的他，在科研之路上勇往直前、从未止步。

从不可能到可能

　　脑袋里刁钻古怪的念头再多，若不及时将它们提炼出来落到实处，也终究是空想。贾廷波从来不把自己局限于沉思默想，他虽然处事沉着冷静，但遇上一些新奇的玩意儿，也会欣喜若狂。

　　2018年，国网公司提出建设一键顺控的战略，消息虽然不胫而走，但大家都摸不着头脑，不知它为何物，这个全新的概念，见多识广的贾廷波也是第一次听说。不过，既然还没有落成，也就意味着他还有机会，经历了多次从无到有的贾廷波，暗暗下定决心，一定要让一键顺控技术在国网日照供电公司率先落地，为日照电力人争一口气！

　　可该项目真正落实起来却比想象中棘手得多，无异于敲冰求火。该技术在省内的研究是一片空白，放眼全国也只是走到了初步探索阶段。在理论依据短缺、基础数据匮乏的情况下，贾廷波号召在相关领域有所建树的党员，成立"攻坚克难突击队"，就现存的倒闸技术展开研究，辅以双控体系，从中寻找突破口。千里之行，始于足下。没有经验可循时，就只能在无

⊙ 2019年8月，贾廷波（左三）带领攻关团队进行一键顺控技术研讨

数次试错中提炼和总结。

晨曦初露，实验室早已座无虚席，众人埋头于各自的设备前，手指在各种零件中灵活地穿梭，一个操作至少得重复数千次。整个室内都寂然无声，只有机器运作的阵阵轰鸣，夹杂着纸笔摩擦的声音。入夜，星斗挂满深空，忙活了一天的组员们聚在一起，就当日的研究情况做汇报，据统计，单是讨论会就召开了二十二次。天下大事，必作于细。为了将误差调试到毫米级别，组员们将一组数据反复地进行验算，每个人都废寝忘食，只为最大限度上保证数值的精准，不给后续步骤增加工作量。

万丈高楼平地起，只要地基打得扎实，一砖一瓦都能物尽其用。严谨的贾廷波，对前期准备工作格外重视，每一版技术方案，都组织骨干人员反复打磨推敲、修改完善，直到所有细节都有据可依，才放手安排后期工作，可这时，方案已经改版了二十七次。长时间的脑力劳动，组员们也有支撑不住的时候，但谁也没打退堂鼓，乏了倦了，就站起来走动走动，活动活动筋骨；累了困了，便伸个懒腰，就近找个地方躺下打个盹儿，醒来后继续工作。一百多个日夜的坚守，三千余次顺控实验，终于苦尽甘来、开花结果。团队不仅自主研发倒闸双确认装置，攻克了一键顺控技术无法锁定设备位置的难点，更是在此基础上，开展敞开式变电站全部类型设备的顺控改造，在全省乃至全国率先建立变电智能运检监控室，实现足不出户、远程集控的创举。

看着屏幕上滚动不断变化着的数据，贾廷波和同事们热泪盈眶，也由衷地自豪。该技术不仅成功运用于日照各变电站的检修工程中，也在全省乃至全国范围内得到推广，并荣获了山东省职工技术创新二等奖，贾廷波一班人，走进了更广阔的天地。

⊙ 2020年12月，贾廷波走进日照市东港试验学校，与小学生们交流

第四章　弦歌不辍，薪火相传

总有一道光

在高处耀眼

师者春风化雨

后浪便胜于蓝

从老一辈手里

流传下来的绝活儿

若是不能得其所用

便失去了存在的意义

唯有在一代代的传承之下

守正创新，方能永恒长久

更上一层楼

在这个以创新为导向的新时代，需要个人以自我革新、推陈出新的节奏与时代保持同步。一个人若沉溺在过去的荣耀中，安于故俗、溺于旧闻，他将逐渐远离天高海阔的世界。对个人来说是这样，对团队的建设而言亦是如此。

自2010年以来，贾廷波创新工作室已成立十年有余。在此期间，工作室广纳贤才、兼收并蓄，为有志之士提供了一展宏图的平台。贾廷波也带领团队更新技术、攻坚克难，在业内取得了不俗的成就。时代在进步，社会责任的担当与使命的完成依然是不变的话题，若工作室沿袭老一套规矩，难免固化年轻人的思维，不利于工作的开展，为了给他们提供更大的成长空间，为了培养与时俱进的时代大军，贾廷波对工作室进行了改造升级。

首先是扩大工作室的面积，装修延续了简约实用的风格，除让大家活动起来更加自如外，还提高了办公环境的舒适性。在硬件方面，工作室基础设施配备齐全，对原有设备进行了更新换代，操作系统也得到全面升级，为员工们攻坚克难提供了更大的便利。

除此之外，精神文明建设也是工作室的一大重点。贾廷波结合时代要求，提出了实效、实用的创新理念，充分发挥工匠精神的引领示范作用，将工作室建设成新型电力人才的摇篮。为了将这一理念落实到位，贾廷波号召成立了实训室，为员工们提供一个随时随地都能实操训练的场地。传统操作教学和练习都在工地进行，但机动性差，训练时间和内容也极为有限。新建成的实训室则有模拟各类工作中可能出现的故障，分派不同难易程度检修任务的练习项目，员工可根据自身情况选择练习项目进行训练，再由相关技术人员给予改进意见，在反复实践中找出偏差疏漏，精进本领，实现理论与实践的进一步结合。

如此一来，工作室的干将都取得了粲然可见的好成绩，获得了多项国家发明专利，还多次开展与专业技能相关的"大讲堂""研讨会"活动。

细微之处见格局，在贾廷波的带领下，工作室所推行的"微创新"理念逐渐成熟。所谓"微"，即从大处着眼，于细微处着手，放弃一蹴而就、不切实际的空想空谈，脚踏实地扎根于工作，明察秋毫，从工作细节中发现问题，再用创新手段进行技术整改，大量创新成果和先进经验便能得到推广。社会各界领导莅临指导工作时，便对此给予了高度评价。在中国劳模工匠论坛上，这一理念还得到了与会代表的一致肯定。

尽管如此，贾廷波对工作室发展的态度仍然是不松劲儿、不懈怠。作为主心骨的他，不仅要尽心为班组负责，承担精神上的压力，在工作室的建设遇到瓶颈时，还要绞尽脑汁出谋划

⊙ 2019年11月，贾廷波在劳模创新工作室开展土建大讲堂

策。贾廷波自参加工作以来二十六年，半数时光都在基层班组里度过。他爱操心，对组员关怀备至，每次分派检修任务时，他都对组员千叮万嘱，还会密切关注他们的工作动向，生怕他的嘱咐有什么遗漏。大家都调侃贾廷波像老父亲一样，无时无刻不惦记着他们，让他们心里有依靠。

名师出高徒

　　一朵云会推动另一朵云，最后连成一片，绵延不绝。贾廷波便是最前头的那一朵云，看着面前笃学不倦的年轻人，仿佛看到了电力行业的未来。贾廷波本就和蔼近人、笑容可掬，从不摆过来人的架子，再加上他对后辈们关怀备至，常常为其指点迷津，便有一大批年轻人乐意跟着他学本事，贾廷波索性收他们做徒弟。贾廷波和他们打成一片时，感觉自己的心态也年轻了许多，他愿意多听听年轻人的想法，这些想法有时候也会给他带来新的思考方式。

　　贾廷波慧眼独具，带的徒弟个个材优干济，最令他动容的，是一个名叫孙安青的女徒弟。电力工作辛苦，只有过硬的技术才能经得起实战考验，前期的训练强度大，能坚持下来已实属不易，后期进入工地加班熬夜更是常有的事，遇上位置偏僻的电站，单是往返一趟就身心俱疲，更别说要及时调整状态，以应对翌日可能发生的状况。除此之外，电路检修工作有极强的不确定性，工作者必须时刻警惕，做好万无一失的准备，在电站有需要时及时到位。凡此种种，贾廷波都亲历过，便更能设身处地理解孙安青坚守的不易。

尽管遍地是荆棘，但孙安青偏偏不信邪，师傅贾廷波投身电力事业多年，从未抱怨过苦累，她作为徒弟，有师傅的提点，更应该一步一个脚印，不向困难妥协。孙安青执拗起来像极了贾廷波，骨子里也敢想敢拼。身体素质跟不上，她便强身健体，不让柔弱的身体成为工作的负担；对接线流程不熟悉，她便观摩师傅操作，勤学苦练，不给自己半分松懈的机会；不适应工地环境，她就一遍遍地做心理建设，说服自己，在每一次成功完成任务后，都能找到成就感。天遂人愿，孙安青的付出终得回报，山东省电力公司系统内唯一的女电气试验班班长、国网公司优秀班组长、山东省五一劳动奖章获得者，每个响当当的名号，都是她昂扬向上、天道酬勤的最佳证明。一路走来，她谨遵师傅的教诲，从不居功自傲，像师傅一样，提携后辈，带领班组去冲去闯，以大刀阔斧之气魄，将初心贯穿始终，在风雨里屹立。

2019年7月26日凌晨4点，睡梦中的孙安青被一阵铃声惊醒，她打开手机一看，变电运检工作群里传来一则消息，为了不错过任何紧急通知，孙安青特意在睡前调高了手机音量，这时终于发挥了用处。

孙安青点开视频，一个不和谐的声音让她困全无意，直觉告诉她，视频中的开关柜出现了放电情况，并且较为严重。所谓开关柜，是在电力系统送电过程中，进行开合、控制和保护用电的设备，柜内部件复杂，检修工作难度升级。开关柜一旦开始放电，逐一排查原因耗时耗力，造成的后果也极其严重，轻则破坏输电系统、造成经济损失，重则发生人员伤亡事故，无论如何都是孙安青不想看到的。

情况紧急没有给孙安青留思考的时间，专业素养极强的她立刻做出反应，迅速起身，顾不上梳洗，随便套了件衣服就匆匆赶往现场。从收到视频不到五分钟的时间，她也接到了贾廷波的通知，要求她赶赴黄墩变电站进行现场确认。奔赴办公室的途中，孙安青已经将任务安排打了腹稿，依次联系相关负责人，同事接到指令表示在赶来的路上后，她便先一步办理好工作票、准备齐检测仪器，联系车辆待命，与同事会合后便立即驱车向变电站奔去，整个过程有条不紊。

到了现场，孙安青快步向故障设备跑去，向在场负责人简单了解情况后，就和同事一起展开了工作。经过现场反复带电检测，他们最终确认了避雷器放电现象的存在，将检测结果上报后，与早已待命的检修班交接了任务，在相关人员进行消缺工作时，孙安青也没有闲着，她自发对其他设备进行检测，排除潜在的可能性后，才坐在小马扎上缓缓神。待隐患处理完毕，孙安青又进行调试，各项试验正常后，设备终于成功送电，孙安青一行人才回到单位，此时距离孙安青收到视频已经过去十八个小时了。

　　贾廷波得知现场抢修工作在井然有序的安排下圆满完成，他对孙安青竖起了大拇指。这精准的预判、合理的人员调度、惊人的应变能力，都令贾廷波对她刮目相看。

　　从业以来，孙安青参加的应急工作不计其数。保障用电安全是她的使命，既然她选择了这条路，那便把完整的自我交上去，包括所有时间和精力，无论白天黑夜，只要组织上需要她，她便义无反顾，第一时间赶赴现场处理，从来不曾抱怨或迟疑。

　　贾廷波常说，电力行业的欣欣向荣，从不是一个人可以实现的，只有将电力人的精神传递下去，行业发展才能生生不息、历久弥新。孙安青也坚守着这一信念，如今，她也有了自己的小徒弟——岳美，一个刚入职三年的小姑娘，是行业的后起之秀。岳美聪明伶俐、博学多才，在多个知识竞赛中接连获得个人第一名的好成绩，连贾廷波都不禁自嘲，他们这届"老人"的地位不保啊。

　　2020年10月27日至29日，国网公司举办了一场变电运维技能竞赛，青年员工刘天成代表山东出战。事关整个省份电力行业的荣誉，刘天成不敢掉以轻心。在紧张地备战中，他戒骄戒躁、勤学苦练。这期间，不仅班组成员给予他鼓励，贾廷波也经常面对面指导他。最后，刘天成没有辜负大家的期望，勇夺个人第一，且帮助公司夺得团体第一，而带着他一路披荆斩棘的教练，正是孙安青。

一纸师徒情

　　贾廷波务实笃行的态度，已经在他的工作模式中形成体系，贯穿于规章制度的每个细节。他常说，干他们这行，没有捷径可走，真本事都是一个螺丝一个螺丝敲出来的。为了加强学员的学习意识，贾廷波特意邀请退休老师傅许传亮为大家开展专题讲座。许师傅工龄长、工作经验丰富，学员们对他都敬重有加，许师傅的讲座学员们听得津津有味，也向他提出了心里的顾虑和疑惑，许师傅结合自己的经验进行解答。贾廷波看着曾经的师傅在台上授业解惑的样子，他的心里又萌生出新的想法。

　　老师傅的手艺如果丢了，那是行业的一大损失。基于此，贾廷波对一众老师傅和新徒弟的擅长领域、脾气性格、工作方式等进行综合研判，挑选最适合的组进行结对，并郑重签下"导师带徒"协议书，这份协议书代表的，不光是知识与技能的传承，它更像是一点一滴凝聚起来的灯油，让电力人的心灯长明。

　　以人为镜，可以明得失。德行兼备的榜样就像一座丰碑，让人敬仰。作为师傅的工程专家，大都身怀绝技，不仅能传授实用的技术，还能积极发挥示范引领作用，引导徒弟向优秀的人看齐。师傅与徒弟之间的关系，并非只是教与学，年轻一代朝气蓬勃、意气风发，其行为习惯或行事风格与老一代不尽相同，老一代固化的思维被悄然打破，他们主动接受新时代的洗礼，在各得其所中相倚为强。

俗话说，名师出高徒。贾廷波在带徒上，也很有一套。他常说，实践出真知，只有在实训中学和练，才能真正做到学以致用、学有所成。于是，操作强度最大的检修现场，便是贾廷波的天然课堂。他将实操中可能出现的重点问题整理出来，伪装成稀松平常的小障碍，学员上手时，一旦落入他提前布置好的"陷阱"，他便会详细记录下出错的点，在下一步的讲解中进行演示，再逐一分析说明，对徒弟们来说，学习技术更像是闯关，"只有从贾老师设计的'圈套'中挣脱出来，才真正算得上有所收获"。在贾廷波的课堂上，一切理论似乎都是具体有形的，它们指导着徒弟们每一步的动作，再回归理论时也不乏味枯燥，让人记忆犹新。

郑楠是贾廷波的徒弟之一，刚进公司时，他的工作经验为零，专业知识储备也有欠缺。在贾廷波的建议下，他借阅了大量书籍和资料，但他参与实操的频次低，很多抽象的理论都只是一知半解，往往不得要领，他便虚心向师傅请教。贾廷波从不吝于投入自己的精力，常常主动询问郑楠的功课，为其排难解纷，遇上重点难点，还会先放下手头的工作，耐心细致地为他讲解，从原理到实际应用，每一条理论的阐释都透彻深刻，引导郑楠举一反三，最后郑楠恍然大悟。在师徒的合力共进下，郑楠的技术水平突飞猛进，作为电力人的基本素养也得到了锤炼。

贾廷波的另一个徒弟许允都，也是一个细节控，对工作保持着高度的责任感和使命感。他曾作为技术骨干，参与一键顺控技术的研究。他的基本功格外扎实，负责管理运行的变电设备从未发生过事故。每一个技术大拿的成功，背后都是不为人知的努力和付出。

贾廷波果敢坚毅、敢闯敢拼，他带出来的徒弟也都笃实好学，也正是像他们一样的千千万万个师傅和徒弟，让数代人的宝贵经验得以传承，承先辈之精神，创吾辈之未来。

新传承之路

在一个人成长的路上，如果得良师指点提携，那将是惠及他一生的幸运。师傅就像一盏启明灯，指引徒弟前行，徒弟一路取得的成就，也让这盏灯永不熄灭。"导师带徒计划"的成功，将荧荧火光汇聚成漫天星河，浇灌着无数电力人的拳拳之心。

贾廷波创新的脚步仍未停歇，信息时代，理论创新成果频出，只有孜孜不倦、勤学苦练，才不会在时代浪潮里迷失自我。基于此，通过技能培训与科技创新的不断结合及反复实践，贾廷波总结出一套"三基两小一微"的跨专业人才培养模

⊙ 2013年11月，贾廷波（左二）在教徒弟进行母线铜排加工操作

式。展开来讲，即立足于工作现场的时效性，鼓励员工结合基本理论、基本知识以及基本技能，进行小技术改进、小发明创造，利用微创新实现生产大效能。

为了确保新项目的顺利进行，贾廷波将理论建设也提到了新的高度，他多次组织各班组的专业人员开展技术实训，从操作中检验理论培训的成果，帮助员工拓宽视野，把目光投向行业最新发展动态，为日照电力事业注入了新的活力。他培养出来的一批批电力人才，也在为电网建设添砖加瓦。贾廷波常说，把简单的工作做到极致，就是向平凡致敬，而生活中的不凡，也依然闪着光。

2019年9月的一天，时值中秋，天地一片橙红，大楼下的枫叶像燃烧的火焰，在阳光下光彩熠熠，风也裹挟着细碎的暖意，是个难得的好天气。

国网日照供电公司多功能厅里，党旗高挂，一场别开生面的党建活动正如火如荼地进行着，活动的主题是"不忘初心、牢记使命"，旨在立根固本，筑牢信仰之基，发挥党建对个人和团体的引领、锻造作用，从而坚定电力人的理想信念，为未来的工作战略打下基础。活动现场座无虚席，大家分享着对"初心"与"使命"的理解，结合自身入党的心路历程，讲述独属于电力人的故事，并根据党组织的要求，有针对性地对未来做出规划，当气氛达到高潮时，掌声雷动，不失为一场盛宴。

庄重的讲台前，穿着西装、系着领带的贾廷波神采奕奕，绘声绘色地讲述着自己的经历，从起初茫然若失、劳而无功的状态，讲到如今的小有成就、踌躇满志，贾廷波的讲述让参会者都忘了时间，怀着满腔热忱，去感受他的失意和得意。活动圆满结束后，贾廷波也收到了来自各方面的反馈，从会议的组织到落实的整个过程，都收获了一致好评。

⊙ 2021年3月，贾廷波在山东电视台"齐鲁大工匠"颁奖现场

第五章 时不我待，只争朝夕

岁月无声

却记得每个天道酬勤的夜里

艰苦朴素的身影

从鲜衣怒马

到两鬓生满白发

所有的勤勉和尽力为之

都会在未来的某一刻熠熠生辉

挺身向前，慨然以赴

生逢盛世，当不负盛世

奔赴一线的逆行者

都说，时代的一粒灰尘，落在个人头上，就是一座山。

一场突如其来的疫情，让武汉仿佛按下了暂停键，一时间，城市完全静默下来，原本车水马龙的街道，难言的冷清，只有救护车一路鸣笛穿行。

…………

大年初一，本是阖家团圆、走亲访友的日子，却因疫情变得冷寂。回莒县老家过节的贾廷波时刻关注疫情的最新消息，看着与日俱增的感染人数，他意识到，防控形势越发严峻，这个春节可能比任何时候都需要保电工作。无论是医院里检查救治病人，还是工厂生产医疗设备和防护用品，电力是一切工作开展的基础和保障。供电系统一旦出问题，一分一秒造成的损失都无法估量，贾廷波不禁为值班的同事捏了一把汗，千斤重担压在身上，任谁都会喘不过气来，他的心也揪在了一起。

贾廷波当即决定提前结束假期返回公司，做值班保电的后备补充力量。贾廷波所在的变电运检中心，承担着包括医院和企业在内的19家重点单位的应急保电工作，为了应对复杂多变的形势，贾廷波动员各班组负责人，结合不同企业的用电情况和设备状态，争分夺秒制订突发事件应急管理方案。本着不浪费任何人力物力的原则，他还把翔实的轮班换岗表格贴在最显眼的位置，开展24小时不间断值守，以实现人员的统筹安排，必要时自己也可以及时顶上去。从大年初三开始，贾廷波就带领青年员工加强变电站巡查和检测，以确保电力供应充足，对相关企业的需求能快速响应，竭尽全力为疫区供电保驾护航。

在这场万众一心的战斗中，贾廷波发挥党员先锋的模范带头作用，主动承担起加班加点的工作，时刻保持注意力高度集中。在他和班组成员的共同努力下，疫区保电工作没有出现丝毫纰漏，送电及时且高效，对今后此类突发事件的处理具有极大的借鉴意义。

夜里，贾廷波总会站在窗边，看一片灯火通明的景象，他深深地体会到，再黑暗的夜晚，也会有璀璨的星河，而这星河的每一颗星星，正是挺身而出的人民英雄，他们的义不容辞，在一片黑暗里熠熠生辉。

所谓伟大，就是平凡人在本可以保持沉默的时候，拼尽全力燃烧自己，为世界发出微光。贾廷波就是这样坚守在自己的岗位上，从一而终。

⊙ 2020年2月，贾廷波（左一）带领检测人员对110千伏昭园变电站的设备进行检测

在平凡中成就不凡

　　当每个人都脚踏实地、各司其职时，这个时代，就是伟大的时代。对贾廷波而言，二十余载的奔波和操劳，是时代赋予他的使命，他奉献给电力事业的青春和赤诚之心，被时间织就成一份份荣誉，他也实至名归。

　　2020年11月，贾廷波被评为"全国劳动模范"，劳动模范是一个民族思想与情愫的体现，虽然不同时期造就的劳动模范，但其传达的精神本质却毫无二致。所谓劳模，是对国家赤胆忠心、对事踏实肯干的人，这些人的宝贵特质也在贾廷波身上体现得淋漓尽致。对他来说，这不仅是一份荣誉，更是国家的信任和嘱托，是时代赋予他的新的使命与担当。

　　正值疫情防控重要时期，凝心聚力，把多方力量拧成一股绳，是打赢这场战役的关键，而贾廷波曾积极投身于疫情保电工作，他的这份荣誉，不仅是对他及与他同行的人，为电力事业所做贡献的赞誉与肯定，更是鼓励更多像贾廷波一样的有志之士，在危难之时挺身而出、大显身手，合力铸就一座战胜疫情的丰碑。

　　二十余载的坚守，终成行业大器，这份曾经不敢奢望的荣

⊙ 2022年，贾廷波参加中国共产党山东省第十二次代表大会

誉，让贾廷波感慨万千。他始终把自己定位于一个平凡的劳动者，这个称号是对劳动者的最高褒奖与鼓励，他只是把分内的工作落到实处，是这个尊重劳动、尊重创新的伟大时代给了他这份殊荣。作为劳模，他也不辱使命，将高标准严要求的行事作风贯彻终身，并充分发挥劳模的榜样作用，带领更多的电力人立足本职工作，为电力事业添砖加瓦、发光发热。

习近平主席在劳模表彰大会上说："光荣属于劳动者，幸福属于劳动者。"二十六载峥嵘岁月，多少人曾前仆后继，创下丰功伟业，对贾廷波来说，却只是一个普通的时间单位，记录着他每一次检修任务的完成，每一项技能水平的提升。他从不恃才傲物，反倒总觉得自己有所欠缺，常常查阅资料，了解电力行业的领先设备，将拓宽的视野运用到工作中。

时光从不为谁停留，也不会亏待每一分耕耘，同年，贾廷波荣获山东省第三届"齐鲁大工匠"称号，"工匠"一词，在当今社会，不再单纯指有一技之长的匠人，而是在对行业发自肺腑、始终如一的热爱下，废寝忘食、尽心竭力地付出，其精神内涵在于"践行"二字。贾廷波自年少立志，便把电力事业作为毕生追求，深入设备检修一线，把技术打磨得炉火纯青，以"工匠精神"雕琢时代品质。没有一流的心性，便没有一流的技术，那条佩戴在胸前的绶带，是为贾廷波今日的成功铺就的通天大道，是贾廷波忘我精神的沉淀，他走的每一步都坚实稳固。

⊙ 2020年，贾廷波被评为"全国劳动模范"，在人民大会堂前留影

从理论到实践

学习之道，贵在知行合一，在打磨技术时脱离实操，就像造空中楼阁，掌握再多的理论要点也无法落到实处，是上不了台面的花拳绣腿，华而不实。贾廷波是一个从基层成长起来的劳模，他的真本事都是拿着电工刀琢磨出来的，不论当今技术设备多么先进，唯有下苦功夫，有扎实的基本功，才能厚积薄发，在真正的战场中迎难而上。贾廷波兢兢业业多年，深谙电力工作对人员要求高，不仅要其胆大心细、老成持重，更需要具有娴熟的掌握操作技能，将一切安全隐患消除，不给疏忽、疏漏任何可乘之机。

后辈人的培养关乎行业的发展前景，应用时下先进技术，为员工营造别开生面的实操环境和氛围，是解决理论教学时纸上谈兵问题的关键。据此，贾廷波将工作室原有的实训区进行升级改造，规划出专门区域开展开关柜消缺实训。开关柜是保障电力输送的关键设备，其内部结构复杂，送电与检修操作步骤烦琐，过程中可能遇到的问题也因人而异，员工只有多次练习才能摸透门路，但工作中容不得丝毫纰漏，更不会有试错的机会，工作室开展的开关柜消缺实训，无疑解决了这一难题。

实训区落成使用的那一天，工作室里格外热闹，老师傅们先给新员工们讲解操作步骤和常见问题，再根据他们的学习情况，安排他们上手练习。看着教材上出现过的设备竟近在咫尺，老师傅们都眼前一亮，一个个热血沸腾、跃跃欲试，争先恐后地拥上前观摩，还争抢着要比试一番。员工在进行配件更换实训练习时，师傅便从旁察看指导，根据实际验收标准，对员工的操作进行点评打分。在这样的反复练习中，培训不再局限于教材，而是真正从书本里走出来，落实到每一台设备、每一个零件，把理论渗透进实践中，员工们得到老师傅的提点，对自己的认识也更加全面透彻，今后的路方能越走越远。

单是让学员学会对设备进行安装和检修，还远不能达到贾廷波的预期。员工们学有所成后扎根的大小数千座变电站，其中不乏地域偏远、环境复杂的站点，对于新员工而言，随时会有不可预料的情况出现，纵然是贾廷波，也无法将所有可能性一一交代，临危不乱、在突发事件中稳住军心，是员工们必须习得的本领。变电站形势复杂，开展教学的条件有限，贾廷波便召集相应技术人员，搭建仿真变电站工作环境，亲自监督指导，使得训练更真实有效，培养出了一大批青年业务骨干，他们在为公司争得荣誉的同时，深入电力一线，为行业发展不遗余力。

成就自我，回馈社会

　　每当太阳升起，就有无数的平凡者，为了责任和热爱，坚守在各自前行的路上。而在漫长的夜里，那盏长明的灯，也依然有人为我们守候。

　　从事电力工作多年，贾廷波与电的相处，并不是始终如一的融洽，纵然他生活中谨小慎微，也难免有疏忽的时候，和电来个亲密接触。那是一次触电事故，贾廷波在换灯泡的时候，他的手指头不小心碰到了灯泡的金属部分，还没来得及抽回手，就立马全身发抖，酸麻的感觉顿时从指尖传遍全身，心跳的频率也在加快，他的意识虽然清醒，身体却动弹不得。幸亏保险丝及时熔断，电压被阻隔，他才躲过一劫，瘫坐在地上，两三个小时说不出话来，胳膊也许久才恢复知觉。从那以后，贾廷波对电又爱又怕，时时充满敬畏之心，他承接的工作从来无大小、难易之分，他每次都提起十足的精神去应对。尽管如今他已是声名显赫的电力专家，对设备的每一个细节都烂熟于心，但对于设备的规范使用和操作，他仍是一点不敢马虎。

　　随着国家电力体制改革的逐步推进和落实，成体系的电力

⊙ 2020年4月，贾廷波在日照市五一劳模座谈会上发言

系统覆盖面越来越广，农村的用电设施也得到了完善，但相较于城市来说要简陋一些，电路老化、杂乱的情况也时有出现。贾廷波回老家时，总能看见路边有裸露的电线从高处垂下，遇风便来回摆动。往来行人大多是老人孩童，他们的安全意识相对薄弱，甚至有顽皮的小孩把电线当成彩色的绳子，握在手里来回拉扯。贾廷波见状，无论多忙都会及时上前制止，不厌其烦地讲解其中的危险，但他也不能时刻守在旁边，索性找齐了工具，对电路进行检修。只有消除一切隐患，他才能安心地长舒一口气。

久而久之，村民们都对他熟识了，远远瞧见提着工具箱的贾廷波，就亲切地说："安全用电宣传员来了。"不仅如此，村民们凡遇上电路相关的困惑，都会向他求教，他也会倾囊相授，乐于帮助村民们解决问题，这份责任虽然重大，但贾廷波乐在其中，他的所学能在生活中发光发热，对他也是莫大的鼓舞和鞭策。

工作时贾廷波小心谨慎、一丝不苟，生活中他也时刻把用电安全挂在嘴边。他常说，专业的事交给专业的人去做，但安全用电意识，依然是每位居民应该谨记于心的。他常常告诫家人亲友，用电事故从来都不是突然发生的，类似于电视机、空调等家用电器，关掉电源之后还有电荷存在，如果不注意安全，很容易酿成大祸，安全无小事，平日的不良用电习惯，才是最大的祸根。

像这样义务充当安全用电宣传员到底有多少次，贾廷波也

⊙ 2020年12月，贾廷波在日照市东港实验学校留影

记不清了，他曾说过，只要大家都平平安安，他所有的付出都是值得的，而这也正是他从事电力工作的初心。

贾廷波的成就在行业内首屈一指，但他自诩吾辈人才济济，绝对不能有居功自傲之态，反倒随和谦卑，为人处世都沉稳低调。他深知，生长于这个社会，就绝非孤立的个体，取得一番作为尚且容易，要想长久地回馈社会，才是真正的任重道远，也是他肩上的责任所在。

不规范的用电行为造成的事故时有发生，每每看到类似新闻，贾廷波就深感痛心，如何从根本上规避此类事故，提高居民的安全用电意识是关键。孩子们是祖国的未来，为此，贾廷波参加了"劳模工匠进校园"宣讲活动，走进日照市东港实验学校，向孩子们分享自己从业以来的经验和心得，引领孩子们规范价值导向的同时，不忘讲述一些生活中的用电常识，从最基础的安全标志，到紧急情况下的避险措施，贾廷波面面俱到。

到了自由提问的时间，孩子们一拥而上，把贾廷波围在中间，对他佩戴的劳模徽章格外好奇，只觉得这金灿灿的奖章甚是好看，上面还刻有五角星和天安门，待贾廷波说明徽章的来历，孩子们稚嫩的脸上写满了崇拜，圆溜溜的眼睛里充满了对未来的渴望和好奇。这次与众不同的宣讲活动，不仅给基础教育增添了别样的一笔，也是贾廷波生命里难得的际遇。

贾廷波常说，如今是包容开放、人才辈出的时代，为了鼓励青年人在时代洪流中站稳脚跟，贾廷波常组织青年围坐在一

⊙ 2020年11月，贾廷波（中间讲话者）在劳模创新工作室给新员工讲述创新故事

起，给他们讲述创新故事，因为工作室的过去和将来，从来都不独属于他一个人，电力行业所肩负的责任，不仅是工程设备的建设和检修，更是整个国家和社会光明的未来。

第六章　家人常伴，灯火可亲

于日薄西山后反躬自问
于旭日初升时重获新生
平凡的生活蕴藏着宝藏
哪怕在为工作奔波操劳
也从中得到宽慰和温暖
宝藏的名字叫家人
他笃信
远行之后
是更加热烈的重逢

立志从贫苦中走出来

从半山腰延伸下来的小路，遇上雨季就泥泞不堪，沿路排列着低矮破旧的土房，垒起来的草垛堆满了墙根，似是为防水防潮做的工程。

贾廷波出生于莒县一个相对偏远的村庄，地理位置欠佳不说，交通也极为不便。纵然条件艰苦，但吃苦耐劳是刻在农民祖祖辈辈骨子里的品性，贾廷波的父母亦是如此，淳朴寡言，辛勤坚忍，为五个儿女撑起了一片天空。

寅时，月亮还悬挂在天边，母亲悄然起身，挨个儿为孩子们披好被角，就匆匆出门了，每到三九天，她的发梢就结着一层霜，手脚也生满冻疮。因为村子里只有一个碾子，每逢打谷子的时节，母亲就得赶大早去，去晚了得排队喊号，耽误不少工夫。村民的用水条件也极为有限，挖口井可是个耗时耗力的大工程，村里的人都指着那一口井生活，如果不赶早去就会被别人挑干。往往天还没亮，母亲就已经挑着一担水回家了，而这仅仅是忙碌一天的开始。还没来得及歇歇脚，母亲就开始生火做饭，围着灶台抽不开身了，正在长身体的儿女、下地干活的丈夫，一家七口的饮食着实耗费心力。稍有些闲暇时间，又

⊙ 贾廷波老家屋内照片

⊙ 贾廷波老家屋外照片

要赶着把家猪的饲料和好，添进槽里之后，拾掇拾掇就去菜园里忙活了，母亲佝偻着身子，把新生的杂草连根拔起，不多时汗水就浸湿了衣衫。夜里，贾廷波和兄弟姐妹都已入睡，母亲房里的煤油灯还亮着，烛火在跳动，土墙上母亲的影子保持着低头的姿势，只有细线在母亲手中灵活地穿梭，她缝补的是孩子们过冬的衣物，她特意多缝了层内里御寒，这是母亲给予的最无微不至的温暖。

贾廷波的父亲是一名篾匠，这是一个古老的职业，后期编织的工艺暂且不谈，单是前期的准备工作，道道工序都十分烦琐。将整根的竹子劈成条、削成片，择取质量上乘的进行打磨，需要一对慧眼、一双巧手不说，还极考验人的耐性，挑选适合加工的竹子也是一门学问。在贾廷波的记忆中，父亲总是手握一把篾刀，把一筒青竹对半劈开，再剖成竹片拉成竹丝，最后归类拣选。起初，贾廷波会蹲在父亲身边，双手拖着下巴，看父亲变戏法似的操控竹条，父亲操作精彩之处贾廷波还会拍手喝彩，可经过白天黑夜，度过春秋冬夏，昼夜不休地重复劳动，让贾廷波都觉得有些枯燥了，可父亲依然坚守着自己的小阵地，在整日的劳碌后，往往腰都直不起来。竹筐、竹篓、竹篮，但凡叫得上名儿的务农用具，都能呈现在父亲的巧手之下，编好的成品也都粗细均匀、个头匀称。历经多年的打磨，父亲的手艺已达到精熟的程度，剖出的篾丝青白分明、韧性十足，由此编成的篾制品外观精美、经久耐用。父亲凭着这门手艺，加上为人实在肯干，在亲朋邻里间也小有名气，能赚得一笔额外的收入维持家用。做些篾匠的活儿之余，父亲还要照看田垄，趁着好天时松松土、翻翻地，他握着锄头的手掌、虎口，经过长时间的劳作，已经满是老茧，眼睛里布满血丝，黝黑的面容也变得十塥沧桑。

贾廷波的父母都是极平凡的人，是那个年代普通农民的缩影。可伟大和崇高，都自平凡中生根发芽，哪怕收入微薄，可他们的信念从不卑微，生活虽然贫困，可他们依然坚守着一方沃土，他们深知读书识字的重要，家里再困难，也坚持靠自己的劳动供五个孩子念书，念书就会有新的生机和出路。纵然生活清贫，贾廷波一家人也乐在其中，从不抱怨生活给予他们的不公，兄妹五人在父母的言传身教下，为人处世谨重严毅，都立志像父母一样，做光明磊落之人，他们也暗暗下定决心，通过自己的努力，让父母过上富足的日子。

贾廷波在读初中时，一直渴望拥有一双凉鞋，每每看见同学穿着凉鞋蹚水，他都格外艳羡，眼睛都要看直了，再低下头看看自己破旧的草鞋，失落感便油然而生。但家里拮据，学费都是东拼西凑来的，哪还能匀出钱来给他买鞋呢？他的心愿也就暂且搁置了，一直到毕业也未能如愿。上大学期间，贾廷波的父母托熟人给他捎来了一百六十元生活费，他整理着一摞面值分分角角的人民币，颇为不解，凑个整数不是更省时省力吗。后来，贾廷波无意间得知，那些皱巴巴的小额钞票，已经是家里的全部积蓄了，父母怕儿子在外苦了自己，把压箱底的钱都给了他，他们自己身上连几毛钱都凑不出来了。那一刻，贾廷波的眼泪夺眶而出，他终于体会到父母的不易，为自己的年少无知懊悔不已。他攥紧了拳头暗下决心，一定要努力学习，找份体面的工作，不辜负父母的期望，让操劳大半辈子的父母也能享受生活。

而今的贾廷波，已不再是那个羡慕同学穿凉鞋的男孩，而是有能力给家人提供更好生活的顶梁柱，可他从未沉浸在这大千世界里，甚至觉得，再高级的皮革也不如母亲纳的鞋底结实，再花哨的款式也比不过母亲绣的牡丹花精美，纵然他一点一点在往高处攀登，他也始终铭记自己的初衷，更不会忘记自己的根在何处。

那些不经意间的温暖

生命中总有些不期而遇，化作惊喜降临。对于贾廷波而言，2001年出生的女儿，就是上天赐给他的礼物。如获珍宝般，他捧着那小小的、柔软的一团，反复调整着自己双臂的角度，他的动作幅度小且轻，还稍显笨拙，因喜悦而急促的呼吸也放缓了些，生怕自己一不留神弄疼了她。裹在毯子里的小生命只露出一个脑袋，还没有贾廷波的一个手掌大，她睡得香甜，不时地咂咂嘴，胖嘟嘟的小脸蛋还泛着红晕，贾廷波盯着女儿看得入神，她的眉眼都像极了自己。

新的家庭成员的到来，意味着贾廷波身份的转变，初为人父，贾廷波感慨万千，他终于开启了生命的全新篇章，似乎女儿的存在为他的人生赋予了新的价值。从见到女儿第一眼起，贾廷波就想好了一生的责任与使命，除了鼓足干劲儿、尽其所能给孩子创造优越的条件，还要时刻反躬自省、谦卑自牧，以更高的标准约束自己，就像自己的父母那样，从不在孩子面前堆砌道理，而是在日常生活的言行举止中，教会孩子明事理、知是非。身体力行永远是最有成效的教育，贾廷波深知这门学问恐怕要用一辈子去钻研。

⊙ 2007年2月，贾廷波父母于老家屋前合影

　　工作的特殊性让贾廷波觉得亏欠家人，电线电缆的抢修往往来得突然，一旦耽误后果不堪设想，他一心扑在岗位上，工位的醒目位置摆着手头的施工图纸，而不是女儿满月的照片，和家人的合影也寥寥无几，他的心里很不是滋味，却不得不向现实妥协。

　　有取舍，就意味着难两全，贾廷波缺席了女儿成长中的许多重要时刻，对父母、妻子也疏于照顾。每每提及家庭，贾廷波都面露无奈，想到家里那位贤内助，他的眉头才会舒展开。贾廷波因为工作性质特殊，总是三天两头不着家，突然出差也是常有的事，妻子却把家里打理得井井有条，将女儿教育得伶俐乖巧，生活中的不顺和苦楚，她也从未向自己提及，反倒总是和他分享生活里的趣事、喜事，倾听他工作中的烦恼和疑虑。贾廷波不能在父母膝下尽孝，妻子便替他侍奉双亲，二老年纪大了，时不时有个病痛，都是妻子守着床榻忙前忙后地照顾。这些贾廷波都看在眼里，他也心疼妻子不易。

　　在后村变电站施工期间，恰逢妻子的生日，贾廷波时任班长，管理着整个班次的出勤调度，完全抽不开身。同事们见状，采用车轮战术游说贾班长，劝他把不打紧的工作先放一放，并向他做出保证，一定将任务保质保量完成，拗不过一双双真挚的眼睛，贾廷波妥协了。下班后完成工作的交接，已是深夜，由于时间匆忙，他考虑得并不周全，只是陪妻子在家里吃了个便饭，蛋糕和礼物也没有准备，可妻子却说，再昂贵的礼物也比不过她此刻的幸福。那一刻，贾廷波才明白，他从未

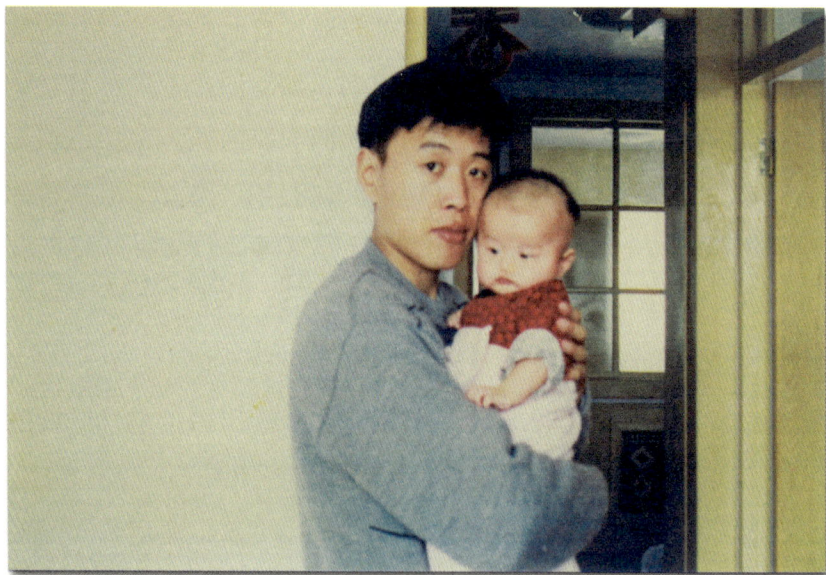

⊙ 2001年4月，贾廷波与3个月大的女儿在家中合影

真正在家庭和工作中做出过选择，其实做选择这一命题本就是个伪命题，二者从不应该被割裂开，有了家庭做后盾，他才能全身心投入工作、回馈家庭，而他取得的所有成就和荣誉，也是对家人殷切期盼的回报。

2013年初春，贾廷波携妻女去云南旅游，鲜少有机会去看看大千世界的他，终于从紧锣密鼓的工作中抽出身来，欣赏着苍山洱海、白雪红叶，时间好像都慢了下来。妻子和女儿走在前头，在路边的小花摊驻足挑选，偶尔挽着胳膊说些悄悄话，时不时回头催贾廷波走快点，他便加快了步子追上去，听女儿讲一路收集的奇闻趣事，妻子则在一旁搭着女儿的肩，宠溺地注视着他们，在这一帧一帧美好的画面中，贾廷波始终发自内心地笑着，他感觉到了前所未有的放松和踏实，妻女的陪伴也让他对家庭和责任有了更深的理解，此次云南之行，他和家人一起走过的路，沿途都开满了花。

⊙ 2007年1月，贾廷波一家三口的全家福

◉ 2013年2月，贾廷波一家三口在云南旅游时合影

是女儿，更是小棉袄

　　女儿出生时的第一声啼哭，至今萦绕在贾廷波的耳畔，他抱着那团丁点儿大的、软软糯糯的小生命，眼里的疼爱快要溢出来。她的眼睛黑溜溜的，像两颗圆润的葡萄，看着爸爸的脸时还好奇地打转，肉嘟嘟的小手也格外有力，紧紧握住爸爸的手指，瞧见什么新奇的东西还会指给爸爸看，小嘴也闲不下来，咿咿呀呀说个不停。女儿蹒跚学步时，贾廷波总会张开双臂跟在后面，看着女儿从跟跟跄跄到像小兔子一样蹦蹦跳跳，纵使她的每一步走得越来越稳，作为父亲的贾廷波依然守在她的身后，为她张开的双臂始终不曾放下。女儿咿呀学语时，贾廷波也耐心地陪在她身边、悉心教导，不经意间喊出"爸爸"二字，稚嫩清脆的童音扫去了他所有的疲惫。和女儿相处的时光，每分每秒贾廷波都格外珍惜，他何尝不想全身心地参与女儿的成长，但他更像一名信念坚定的战士，组织上需要他时，便义不容辞坚守在阵地，有召即去，毅然决然。无奈之下，贾廷波只能把时间分成更小的等份，留给女儿的，也越来越少。

　　由于贾廷波的工作性质特殊，女儿稍大些时，他的陪伴就少了许多，上学放学的接送、功课的辅导、书桌前的长谈，都是妻子在尽心尽力，而他每每到家已是深夜，女儿早已熟睡，同在一个屋檐下，见面都成了难事。女儿体谅爸爸工作的辛劳，从小就乖巧懂事，尽管贾廷波鲜少过问女儿的功课，但女儿从未让他和妻子为此操心，学习成绩名列前茅不说，待人接物也落落大方，坦率真诚。贾廷波对于陪伴的缺少感到愧疚，但也为女儿取得的成绩骄傲不已。

这份愧疚在女儿高考那一年达到顶点，这场至关重要的考试，是女儿人生中面临的第一道关卡，父母们都使出浑身解数为孩子缓解压力、调整心态，为紧张的备考加油打气。然而，此时的贾廷波却担负着"春检工作现场管控""创新工作室建设"两项重任，作为"工作狂"的贾廷波本就追求精益求精，加上任务严峻和时间紧迫，他压力倍增，全身心投入项目，休息时间也不敢放松，这几乎占据了他所有的精力，在家的时间都少之又少，更别提关注女儿的近况了。

后来，春季检修工作如期完成，各项指标都达到标准，电力系统也都正常运行，工作室也按期落成，贾廷波终于能暂时松一口气。与此同时，女儿也考入了理想的大学。贾廷波发自内心为女儿自豪，她步入了人生新的阶段，会迎来新的机遇和挑战。他盼女儿长大，也怕女儿长大，作为父亲，心里百感交集，好像一眨眼，那个扎着麻花辫、跟在他身后抬手要爸爸抱的奶娃娃，就长成亭亭玉立的大姑娘了，她的路也越来越宽广。登时，贾廷波也终于明白他少小离家时，父母的不舍和牵挂。

⊙ 2001年9月，贾廷波与8个月大的女儿在家中留影

即使忙碌，贾廷波和女儿之间的关系也丝毫没有疏离，父女俩的感情反倒更加深厚，纵使他常常加班加点工作，忽略了对女儿的照顾，女儿却给予父亲的职业充分的尊重，也对父亲兢兢业业的工作态度敬佩不已。在女儿高考结束的那一天，贾廷波曾收到这样一则信息：

亲爱的爸爸，回顾我成长的历程，您对我影响最大的是您宝贵的品质。您一旦确立了目标，就坚持不懈，哪怕再苦再累，也从不半途而废，您的严谨与负责，都在对工作的执着中得以体现。虽然您的工作强度大，但您始终以最高的标准要求自己，保持着思维的严谨和缜密，您从不故步自封，思想开明、与时俱进。虽然您忙于工作，时常不在家，但依然会尽量腾出时间带我去感受世界，我们的交流虽然不频繁，但每次沟通我都受益匪浅，您能准确找出我的弊病，并给出非常合理的建议，让我少走了许多弯路，加深了我对世界的理解。谢谢您，爸爸，我以您为荣，也一定会让您以我为荣。

读完信息，贾廷波眼角泛起泪花，这是女儿第一次向他吐露心声，字字写进他的心里。在那一刻，贾廷波意识到，他亏欠女儿的陪伴已经无法弥补，唯有像女儿说的那样，在岗位上进一步奋进拼搏，让女儿因有一位"劳模父亲"而骄傲，用行动指引女儿做出正确的选择，才是对女儿的理解和支持最大的回馈。

从少年立志的那一刻起，贾廷波将身心都献给了电力检修

⊙ 2015年2月，贾廷波与女儿在海南旅游时留影

生产一线，在工作与家庭的平衡中，总是有遗憾，他是检修小组的主心骨，可他更是一个普通人，他何尝不想在父母膝下亲尝汤药、冬温夏清，在妻子身边事无巨细、关怀备至，在孩子面前嘉言懿行、答疑解惑，每当陷入进退两难的境地时，他也会反思自己，尽力找出一个折中点，把对妻女的亏欠降到最低。夜以继日地工作，他也有迷茫和疲倦的时候，他总会把与家人的合影拿出来看看，因为不论何时何地，他的家人对他而言，永远是动力，永远是港湾。

"古之立大事者，不惟有超世之才，亦必有坚忍不拔之志"，家人的支持，便是贾廷波矢志不渝的底气，不论工作上取得多大的成就，这份荣誉永远有家人的功劳。

未来的某年某月某日，在某座偏僻的变电站工地上，路过的风卷起漫天沙尘，隐约中走来一个人，穿着整洁的工作服，脑袋上端端戴着工帽，手上还提着一个工具箱，那便是贾廷波，如果你问他何必坚守于此，他一定会对你说："行而不辍，未来可期。"